大家小书

大家小书

古代汉语常识

王力 著

北京出版集团公司
北京出版社

图书在版编目（CIP）数据

古代汉语常识 / 王力著 . — 北京 ：北京出版社，2016. 7

（大家小书）

ISBN 978-7-200-12070-7

Ⅰ. ①古… Ⅱ. ①王… Ⅲ. ①古汉语—基本知识 Ⅳ. ①H109. 2

中国版本图书馆CIP数据核字（2016）第076982号

总策划：安　东　高立志　　责任编辑：乔天一

· 大家小书 ·

古代汉语常识

GUDAI HANYU CHANGSHI

王力　著

*

北京出版集团公司
北京出版社　出版

（北京北三环中路6号　邮政编码：100120）

网　址：www.bph.com.cn

北京出版集团公司总发行

新华书店经销

北京华联印刷有限公司印刷

*

880毫米×1230毫米　32开本　8印张　125千字

2016年7月第1版　2023年6月第5次印刷

ISBN 978-7-200-12070-7

定价：36.00元

质量监督电话：010-58572393

序　言

袁行霈

“大家小书”，是一个很俏皮的名称。此所谓“大家”，包括两方面的含义：一、书的作者是大家；二、书是写给大家看的，是大家的读物。所谓“小书”者，只是就其篇幅而言，篇幅显得小一些罢了。若论学术性则不但不轻，有些倒是相当重。其实，篇幅大小也是相对的，一部书十万字，在今天的印刷条件下，似乎算小书，若在老子、孔子的时代，又何尝就小呢？

编辑这套丛书，有一个用意就是节省读者的时间，让读者在较短的时间内获得较多的知识。在信息爆炸的时代，人们要学的东西太多了。补习，遂成为经常的需要。如果不善于补习，东抓一把，西抓一把，今天补这，明天补那，效果未必很好。如果把读书当成吃补药，还会失去读书时应有的那份从容和快乐。这套丛书每本的篇幅都小，读者即使细细地阅读慢慢地体味，也花不了多少时间，可以充分享受读书的乐趣。如果把它们当成补药来吃也行，剂量小，吃起来方便，消化起来也容易。

我们还有一个用意，就是想做一点文化积累的工作。把那些经过时间考验的、读者认同的著作，搜集到一起印刷出版，使之不至于泯没。有些书曾经畅销一时，但现在已经不容易得到；有些书当时或许没有引起很多人注意，但时间证明它们价值不菲。这两类书都需要挖掘出来，让它们重现光芒。科技类的图书偏重实用，一过时就不会有太多读者了，除了研究科技史的人还要用到之外。人文科学则不然，有许多书是常读常新的。然而，这套丛书也不都是旧书的重版，我们也想请一些著名的学者新写一些学术性和普及性兼备的小书，以满足读者日益增长的需求。

"大家小书"的开本不大，读者可以揣进衣兜里，随时随地掏出来读上几页。在路边等人的时候，在排队买戏票的时候，在车上、在公园里，都可以读。这样的读者多了，会为社会增添一些文化的色彩和学习的气氛，岂不是一件好事吗?

"大家小书"出版在即，出版社同志命我撰序说明原委。既然这套丛书标示书之小，序言当然也应以短小为宜。该说的都说了，就此搁笔吧。

读《古代汉语常识》

杨润陆

王力先生著作等身，在汉语语法学、音韵学、词汇学、汉语史、语言学史等方面都有极高的成就，在学术界具有深远的影响。山东教育出版社曾出版过20卷本的《王力文集》，中华书局又出版了25卷本的《王力全集》，共37册，近1400万字，本次以“大家小书”的面目出现在我们面前的，是王力先生的《古代汉语常识》。这本小书共辑录了王力先生关于古代汉语和中国语言学的十篇著作，为广大读者了解王力先生的学术观点和教学实践提供了极大的方便。

王力先生是语言学家，也是教育学家，从1954年院系调整来到北京大学中国语言文学系以后，就一直关注着语言学科的发展。他培养的研究生和访问学者都成为各院校和科研单位的学术骨干。他主编的《古代汉语》至今仍是各院校的首选教材。更令人难忘的是，王力先生曾以学习古代汉语为题在苏州铁道师范学院和中国香港大学讲演，并亲自为北大64年入学的语言专业的本科生授课。我们由此可知王力先生做人做事做学问的风格——既能深入，又可浅出。可以说，这也是这本大家小书的特点。

学习文言文涉及有关文字、词汇、语法等方面的许多知识，介绍常识，讲什么，以至于怎么讲，都体现出作者的眼光。王力先生高屋建瓴，根据语言的时代性，说明古今的词义不同，词汇不同，语法不同，言简意赅，一语中的。

王力先生在讲字形和字义的关系时，为了便于初学，不讲六书，不讲字体沿革，只以现行汉字为例，讲解会意字和形声字的形体，说明什么是字的本义和引申义。讲到繁体字时，强调同音假借所造成的简化字与繁体字一对二、一对三的关系，由此说明如何避免简化字文本对文言文阅读所可能造成的负面影响。对于古字通假，只简单地解释为古字同音借用，并不刻意说明通假字与古今字的不同。对于古书中的典故，重要的是了解其出处，决不能死抠字眼。对于古代的人称代词，王力先生重点介绍的是第一人称的谦称用法和第二、第三人称的敬称用法，这对初学者来说是十分必要的。

王力先生认为，学习文言文必须建立历史发展的观点，了解古今词义的差别和古今词汇的差别。尤其是对于似懂非懂的熟词熟字，决不能以今释古。举例来说：“睡”的本义是坐着打瞌睡，不能误解为睡觉；“青”在上古指蓝色，不能误解为绿色或者黑色。王力先生把古今词义的演变概括为扩大、缩小、转移等三种类型。“扩大”是说词义的外延扩大了。例如“江、河”原指长江、黄河，后来泛指一般的河流；“洗”本来专指洗脚，后来扩大为一般的洗涤、洗濯。“缩小”是说词义的外延缩小了。例如“子”本是儿女的总称，后来专指儿子；“禽”的本义是兼指猎获的鸟兽，以后才专指鸟类。“转移”是说词义由原来的概念转移到邻近的概念，例如脚的本义是胫，也就是小腿，后来成为“足”的同义词；“羹”的本义是指带汁的肉，中古以后才转指羹汤的汤。

王力先生讲语法知识，主要是讲词和词的关系、虚词的用法和句子的结构。对于古代汉语的词类，王力先生分为十一类，其中的说法和先生所主编的《古代汉语》略有不同，目的是与中学语文课本的说法取得一致。对于实词，主要讲了古今不同的三种词性变换：一是名词变动词；二是形容词变动词，包括“使动”和“意动”；三是不及物动词变及物动词，这也是一种“使动”。另外还讲了名词用如副词作状语的情况。至于虚词，只讲了古今差别较大的十八个虚词的主要用法。对于古代汉语中名词、代词都没有单复数的区别，王力先生予以特殊的关注。先生认为：古文单复数的区别不需要在语言形式上表现出来，“吾侪”“我曹”“若属”并不是简单地表示多数，而是一种强调的说法。

讲到句子，王力先生根据谓语的构成分成叙述句、描写句、判断句。三种句式之中，只提出古今差异最大的判断句进行讨论。在古代汉语中，“是”作为代词，当“这”“那”讲，不是判断词。古代汉语判断句的特点，就是名词性成分直接作谓语而构成判断。例如：“是天地之变，阴阳之化，物之罕至者也。”“吴广者，阳夏人也。”

对于古今不同的句法结构，先生讲了倒装、句子的词组化、双宾语和省略等四个问题。说到“倒装”，是加了引号的“倒装”，因为这在古代汉语中是正常的句式，无所谓倒装。在这部分，先生讲了“宾语前置”的三种情况：一是在疑问句中代词宾语置于动词或介词的前面，例如：“客何为者？”“何以知之？”二是在否定句中代词宾语置于动词的前面，例如：“时人莫之许也。”三是有“之”字、“是”字插在宾语和动词之间，宾语就放在动词的前面，例如：“何事之有。”“唯余马首是瞻。”

所谓句子的词组化，是说在古代汉语中，作为句法成分的主谓词组很少，主语和谓语往往组合为一个句子，如果在主谓之间加上一个“之”字，就不再独立成句，而成为构成主语或宾语的一个偏正词组。例如：“师道之不传也久矣！”“故不登高山，不知天之高也。”与“之”字作用相同的还有“其”字。“其”字的意义是“名词＋之”，也能使主谓形式词组化。例如：“其闻道也，固先乎吾。”“秦王恐其破璧。”先生指出，“之”字和“其”字有时候可以交互使用，例如：“鸟之将死，其鸣也哀；人之将死，其言也善。”这说明，“其”字的意义的确等于“名词+之”。所谓双宾语结构，是说动词后面在带了一个近宾语之后，又带了一个远宾语。例如：“相如视秦王无意偿赵城。”“问之民所疾苦。”

所谓“省略”，也可以加一个引号，因为省略与不省略都是古代汉语中正式的、非例外的结构，有的省略的用法并不比不省略的用法更少见。先生讲到介词“于”的省略和介词后面代词的省略，只是说与现代汉语相比古代汉语的某些结构更简单些罢了。例如：“西门豹往会之（于）河上。”“是儿少（于）秦武阳二岁。”“为（之）具牛酒饭食。”“愿以（之）闻于官。”

书中也收录了一些学术性较强的文章，有利于读者对古代汉语的进一步了解。比如说，读古书不能不涉及古代的历法，王力先生以《诗经·豳风·七月》为例，指出夏商周三代历法不同，诗中所谓“四月”“七月”指的是夏历，所谓“一之日（月）”“二之日（月）”指的是周历。王力先生在讲到汉语语音的发展时，指出声母的两次大变化和韵部的两次大变化。声母的第一次变化是舌上音和轻唇音的产生，第二次变化是浊音的消失。韵部的第一次变化是入声韵分化为去入两声，第二次变化是入声韵部的消失。王力先生在讲到汉语语法的发展时，例举了双音词的发展、词尾的发展、量词的发展、使成式的发展。可以说，书中有关汉语史的知识对于古代汉语的学习和教学都具有十分重要的指导作用。

目　录

古代汉语常识

一、什么是古代汉语

古代汉语是跟现代汉语相对的名称：古代汉族人民说的话叫作古代汉语。但是，古人已经死了，现代的人不可能听见古人说话，古人的话只能从古代留传下来的文字反映出来。因此，所谓古代汉语，实际上就是古书里所用的语言。

语言是发展的，它处在不断的变化中。中国的文化是悠久的，自从有文字记载到今天，已经有三千多年的历史。所谓古代汉语，指的是哪一个时代的汉语呢？是上古汉语，是中古汉语，还是近代汉语呢？

的确是这样。我们如果对古代汉语进行严格的科学研究，的确应该分为上古时期（一般指汉代以前）、中古时期（一般指魏晋南北朝隋唐）、近代时期（一般指宋元明清），甚至还可以分得更细一些。那样研究下去，就是“汉语史”的研究。但是，那是汉语史专家的事情，一般人并不需要研究得那样仔细，只要笼统地研究古代汉语就行了。

研究古代汉语不分时代，大致地说，也还是可以的。封建社会的文人们喜欢仿古，汉代以前的文章成为他们学习的典范。中古和近代的文人都学着运用上古的词汇和语法，他们所写的文章脱离了当时的口语，尽可能做到跟古人的文章一样。这种文章叫作“古文”，后来又叫作“文言文”（用文言写的诗叫作“文言诗”）。我们通常所谓古代汉语就是指的这种“文言文”。照原则说，文言文是不变的，所以我们可以不分时代研究古代汉语。当然，仿古的文章不可能跟古人的文章完全一样，总不免在无意中夹杂着一些后代的词和后代的语法。不过那是罕见的情况。

历代都有白话文。近代的文学作品中，白话文特别多，如《水浒传》《儒林外史》《红楼梦》等。这些也都属于古代汉语，但是一般人所说的古代汉语不包括近代白话文在内，因为这种白话文跟现代汉语差不多，跟文言文的差别却是很大的。

这本小册子所讲的古代汉语就是文言文，所以不大谈到历史演变，也不谈到古代白话文。这里先把古代汉语的范围交代清楚，以后讲到古代汉语的时候，就不至于引起误解了。

二、为什么要学习古代汉语

为什么要学习古代汉语？首先是为了培养阅读古书的能力，以便批判地继承祖国的文化遗产；其次是因为古代汉语对现代语文修养也有一定的帮助。现在把这两个理由分别提出来谈一谈。

第一，中国有几千年文化需要我们批判地继承下来。我们每一个人或多或少地总要接触古代文化。有时候，是别人先读了古书，然后用现代语言讲给我们听，例如我们所学的中国史就是这样。有时候，是别人从古书中选出一篇文章或书中的某一章节的原文，加上注解，让我们阅读，例如我们所学的语文课，其中有一部分就是这样。将来我们如果研究历史，就非直接阅读古代的史书不可；如果研究古典文学，也非直接阅读古代的文学作品不可。研究哲学的人必须了解中国的哲学史，研究政治的人必须了解中国历代的政治思想，研究经济的人必须了解中国历代特别是近代的经济情况，他们也必须直接阅读某些古书。学音乐的人有必要知道点中国音乐史，学美术的人有必要知道点中国美术史，他们也不免要接触古书。就拿自然科学来说，也不是跟古书完全不发生关系的。学天文、数学的，不能不知道中国古代天文学和数学的辉煌成就；学医学、农学的，不能不知道中国古代医学上、农学上有许多宝贵经验；学工科的，也不能不知道中国古代不少工程是走在世界建筑学的前面的。当然，我们也可以靠别人读了讲给我们听，或用现代白话文写给我们看，但是到底不如自己阅读原文那样亲切有味，而且不至于以讹传讹。

在中学时代，还不能要求随便拿一本古书都能看懂，但是，如果多读些文言文，就可以打下良好的基础。

我们研究中国古代文化，必须剔除其糟粕，吸收其精华。但是，如果我们连书都没有读懂，也就谈不上辨别精华和糟粕了。因此，培养阅读古书的能力，是批判地继承文化遗产的先决条件。

第二，现代汉语是从古代汉语发展来的，现代汉语继承了古代汉语的许多词语和典故。因此，我们的古代汉语修养较高，对现代文章的阅读能力也就较高。像“力争上游”的“上游”（河流接近发源地的部分），“务虚”的“务”（从事于），本来都是文言词，现在吸收到现代汉语来了。毛主席说：“我们还要学习古人语言中有生命的东西。由于我们没有努力学习语言，古人语言中的许多还有生气的东西我们就没有充分地合理地利用。当然我们坚决反对去用已经死了的语汇和典故，这是确定了的，但是好的仍然有用的东西还是应该继承。”我们应该认识到，学习古代汉语，不但可以提高阅读文言文的能力，同时也可以提高阅读现代书报的能力和写作的能力。

三、怎样学习古代汉语

现代汉语是从古代汉语发展来的，我们学习古代汉语，无论如何不会像学外国语那样难。但是，由于中国的历史长，古人距离我们远了，我们学习古代汉语还是有一定困难的。一般说来，越古就越难。要克服学习上的困难，就应该讲究学习的方法。

第一，是读什么的问题。中国的古书，一向被称为“浩如烟海”，是一辈子也读不完的。我们学习古代汉语，必须有所选择。我们应该选读思想健康而又对后代文言文有重大影响的文章。上古汉语是文言文的源头，所以我们应该多读一些汉代以前的文章，当然中古和近代的也要占一定的比重。

整部的书不能全读，可以选择其中的精华来读。

初学古代汉语，应该利用现代人的选本。首先应该熟读中学语文课本中的文言文和文言诗。这是经过慎重选择的，思想健康，其中大部分正是对后代文言文有重大影响的文章。其次，如果行有余力，还可以选读《古代散文选》（人民教育出版社出版）和《古代汉语》（中华书局出版）。这两部书分量太重，最好请老师代为挑选一些，不必全读。

初学古代汉语不应该贪多，先不忙看《诗经选》《史记选》等，更不必全部阅读《论语》《孟子》等。“贪多嚼不烂”，这是我们应该引以为戒的。

第二，是怎样读的问题。最要紧的是先把文章看懂了。不是浮光掠影的读，不是模模糊糊的懂，而是真懂。一个字也不能放过，决不能不求甚解。这样，就应该仔细看注解，勤查工具书。

中学语文课本、《古代散文选》《古代汉语》等书都有详细的注解。仔细看注解，一般就能理解文章的内容。有时候，每一句话都看懂了，就是前后连不起来，那就要请教老师。读文章要顺着次序读，有些词语在前面文章的注解中解释过了，到后面就不再重复了。

所谓工具书，这里指的是字典和辞书。字典是解释文字的意义的，如《新华字典》，辞书不但解释文字的意义，还解释成语等，如《辞源》《辞海》。《辞源》《辞海》是用文言解释的，对初学者来说，也许嫌深了些。《新华字典》虽然是为学习现代汉语编写的，但是对学习古代汉语也很有帮助，因为其中也收了许多比较“文”的词义（如“汤”字当“热水”讲），并且收了许多比较“文”的词（如“夙”sù，就是“早”）。

有了注解，为什么还要查字典呢？因为做注解的人不一定知道读者的困难在什么地方：有时候读者很容易懂的地方有了注解，读者感到难懂的地方反而没有注解。查字典是为了补充注解不足之处。学习古代汉语的人必须学会查字典，并且养成经常查字典的习惯。

在学习的过程中，可以试着翻译一两篇文章，作为练习。但是初学的时候不要找现成的白话译文来看，那样做是没有好处的。正如外语课本不把课本翻译出来一样，中学语文课本也没有把文言文译成白话文。假如译成白话文，就会养成读者的依赖性，不深入钻研原文，以了解大意为满足，这样就影响学习的效果。

学习古代汉语的人，常常是学一篇懂一篇，拿起另一篇来仍旧不懂。所以需要学习关于古代汉语的一般知识，以便更好地提高阅读古书的能力。关于古代汉语的一般知识，大致可以分为三个方面：第一是关于文字的知识，第二是关于词汇的知识，第三是关于语法的知识。掌握了这三方面的知识，就能比较容易地阅读一般文言文。这本小册子主要是大略地讲讲这三方面的知识。掌握了这些浅近的知识以后，可以为阅读一般文言文打下良好的基础，以后要提高就容易了。

四、古代汉语的文字

古代汉语是用文字记载下来的，所以学习古代汉语就先得识字。这些字虽然跟现代汉语的字基本上一样，但是意思不完全一样，写法也不完全一样，所以需要讲一讲。这里分为四个问题来讲：（一）字形和字义的关系；（二）繁体字；（三）异体字；（四）古字通假。

（一）字形和字义的关系

字形是字的形体，字义是字的意义。汉字有这样一个特点，就是字形在一定程度上表示字义。字的最初的一种意义叫作“本义”，字的其他意义一般是由本义生出来的，叫作“引申义”。本义和字形是有关系的，懂得这个道理，有助于了解古代汉语的字义。现在举些例子加以说明。

〔涉〕“涉”的本义是蹚着水过河，所以左边是“水”（氵就是水）。古文字的“涉”更加形象，写作，画的是前后两只脚，中间一道河。后来左边写成三点水，右边写成“步”字，其实“步”字上半代表一只脚（即止字），下半代表另一只脚（即反写的止字，，不是“少”）。苏轼《日喻》：“七岁而能涉”，其中“涉”字是用的本义。《吕氏春秋·刻舟求剑》[①]：“楚人有涉江者”，其中“涉”字用的是引申义，那不是蹚着水过河，而是乘舟过河。后来又引申为牵涉，涉历。

〔操〕〔持〕这类字叫作形声字，左边是形符（又叫意符），表示意义范畴；右边是声符，表示读音（形符也可以在右边、上面、下面；声符也可以在左边、上面、下面）。“操”“持”都是拿的意思，所以以手（扌）为形符。“操”从喿声（“喿”即“噪”字），“持”从寺声。《韩非子·郑人买履》：“而忘操之。”蒲松龄《狼》：“弛担持刀。”这两个字也有细微的分别：“操”又指紧握，引申为操守，节操；“持”泛指拿。

〔坠〕“坠”（墜）本作“隊”，从阜（阝），豕声（“豕”即“遂”字）。阜是高大的山，从高山掉下来叫

---

① 引文为课本常选者，篇名多从课本。下同。

作“隊”，引申为泛指坠落。《荀子·天论》：“星隊木鸣，国人皆恐。”后来加土作“墜”（坠），以区别于队伍的“隊”（队）。《吕氏春秋·刻舟求剑》：“其剑自舟中坠于水。”

〔契〕〔锲〕“契”是刻的意思。《吕氏春秋·刻舟求剑》：“遽契其舟。”据《说文》，契刻的“契”写作“栔”，从木，㓞声（“㓞”音锲）。其所以从木，因为木是刻的对象。字又作“锲”。《荀子·劝学》：“锲而舍之，朽木不折；锲而不舍，金石可镂。”“锲”从金，契声。其所以从金，因为金是刻的工具（刻刀是金属做的）。

〔载〕“载”从车，𢦏声（“𢦏”音哉），本义是车载。《史记·孙膑》：“窃载与之齐。”引申则船载也叫“载”。柳宗元《黔之驴》：“有好事者船载以入。”

〔窥〕“窥”从穴，规声。“穴”是窟窿，从窟窿里看，叫作“窥”。如“管中窥豹”引申为偷看。柳宗元《黔之驴》：“蔽林间窥之。”

〔骇〕“骇”从马，亥声，本义是马惊。《汉书·枚乘传》：“马方骇，鼓而惊之。”引申为泛指害怕。柳宗元《黔之驴》：“虎大骇。”

〔鸣〕“鸣”从鸟，从口。这类字叫作会意字。会意字没有声符，而有两个或三个形符。鸟口出声叫作“鸣”。《诗经·郑风·风雨》：“风雨如晦，鸡鸣不已。”引申为泛指禽兽昆虫的叫。柳宗元《黔之驴》：“他日，驴一鸣。”

〔顾〕“顾”（顧）从页，雇声。“雇”音户。“页”不是书页的“页”，而是音颉（xié）。“页”是头的意思。“顾”是回头看，所以从页。蒲松龄《狼》：“顾野有麦场。”

〔薪〕“薪”从艸（艹），新声。“薪”的本义是草柴。蒲松龄《狼》：“场主积薪其中，苫蔽成丘。”也指木柴。《诗经·齐风·南山》：“析薪如之何？匪斧不克。”

〔弛〕“弛”从弓，也声，本义是把弓弦放松。《左传·襄公十八年》：“乃弛弓而自后缚之。”引申为泛指放松。蒲松龄《狼》：“弛担持刀。”

〔尻〕〔尾〕“尻”从尸，九声，是形声字。“尾”，从尸，从毛，是会意字。“尸”，金文作，侧看像人卧之形。从尸的字，表示人体的部分。“尻”是屁股，“尾”是尾巴。据《说文》说，古人和西南夷人喜欢用毛作尾形以为装饰，所以“尾”字从毛。蒲松龄《狼》：“身已半入，止露尻尾。”

〔贱〕“贱”从贝，戋声。“贱”的本义是价格低，所以左边是“贝”（上古时代，贝壳被用为货币）。白居易《卖炭翁》：“心忧炭贱愿天寒。”其中“贱”字是用的本义。引申为地位低。

〔驾〕“驾”从马，加声。“驾”的本义是把车轭放在马身上（驾车就是赶车），所以下边是“马”。白居易《卖炭翁》：“晓驾炭车辗冰辙。”其中“驾”字是用的本义。引申为驾驭。

〔险〕“险”（險）从阜，佥声。“险”的本义是险阻，所以其字从阜，阜就是山。《列子·愚公移山》：“吾与汝毕力平险。”

（二）繁体字

汉字简化，是中国文化史上一件大事。由繁体变为简体，易写易认，人们在学习上方便多了。但是古书是用繁体字写的，我们目前还不能把所有的古书都改成简体字。我们学习古代汉语，最好认识繁体字，因为将来读到古书原本时，总会接触到繁体字的。

并不是每一个字都有繁简二体，例如“人”“手”“足”“刀”“尺”等字，从古以来笔画简单，不需要再造简体。有些字，笔画虽不简单（例如鞭子的“鞭”），到目前为止，也还没有简化。但是，有许多字已经简化了。

汉字简化，最值得注意的是同音代替的情况：读音相同的两个字或三个字，简化以后合并为一个字了。这又分为两种情况。第一种情况是原来两个（或三个）繁体字都废除了，合并为一个简体字。这里举几个例子。

〔發：髮〕一律简化为“发”。古代“發”“髮”不通用，发出、发生的“发”写作“發”，头发的“发”写作“髮”。例如：

1. 齐军万弩俱發。[①]（《史记·孙膑》）

2. 夫因兵死守蓬茅，麻苎衣衫鬓髮焦。（杜荀鹤《时世行》）

〔獲：穫〕一律简化为“获”。古代“獲”“穫”一般不通用，获得的“获”写作“獲”，收获的“获”写作“穫”。例如：

1. 獲楚魏之师，举地千里。（李斯《谏逐客书》）

2. 春耕，夏耘，秋穫，冬藏。（晁错《论贵粟疏》）

① 本书所引例句，为阅读方便，一般以句号结句，有的与原文标点不尽相同。

〔復：複〕一律简化为“复”[①]。古代“復”“複”不通用：“復”是现代“再”的意思，又解作“恢复”；“複”是“重复”。例如：

1. 居十日，扁鹊復见。（《韩非子·扁鹊见蔡桓公》）

2. 则吾斯役之不幸，未若復吾赋不幸之甚也。（柳宗元《捕蛇者说》）

3. 每字有二十余印，以备一板内有重複者。（沈括《活板》）

4. 複道行空，不霁何虹？（杜牧《阿房宫赋》）

第二种情况是原来两个（或三个）字保存笔画简单的一个，使它兼代笔画复杂的一个（或两个）。这里举几个例子。

〔馀：余〕一律写作“余”。古代“馀”“余”不通用，剩余的“余”写作“馀”，当“我”讲的“余”写作“余”。例如：

① 旧时字典也有“复”字，但是一般古书不用。

1. 其馀，则熙熙而乐。（柳宗元《捕蛇者说》）

2. 後百馀岁有孙膑。（《史记·孙膑》）

3. 余闻而愈悲。（柳宗元《捕蛇者说》）

〔雲：云〕一律写作“云”。古代“雲”“云”不通用①，云雨的“云”写作“雲”，当“说话”讲或当语气词用的“云”写作“云”。例如：

1. 旌蔽日兮敌若雲。（《楚辞·国殇》）

2. 雲霏霏而承宇。（《楚辞·涉江》）

3. 后世所传高僧，犹云锡飞杯渡。（黄淳耀《李龙眠画罗汉记》）

4. 尝贻余核舟一，盖大苏泛赤壁云。（魏学洢《核舟记》）

〔後：后〕一律写作“后”。古代“後”“后”一般不通用。“後”是前后、先后的“后”，“后”是后妃的“后”。前后、先后的“后”有时候写作“后”（罕见）；后妃

---

① “云”虽是“雲”的本字，但是在古书中“云”和“雲”显然是有分别的。

的“后”决不能写作“後”。例如：

1. 今虽死乎此，比吾乡邻之死则已後矣。（柳宗元《捕蛇者说》）

2. 媪之送燕后也，持其踵为之泣。（《战国策·触詟说赵太后》）

〔徵：征〕一律写作“征”。古代“徵”“征”一般不通用，征求、征召、征验、征税的“征”写作“徵”，征伐、征途、征徭的“征”写作“征”。征税的“征”写作“徵”，有时候也写作“征”，但是征伐的“征”决不写作“徵”，征求、征召、征验的“征”一定写作“徵”，决不写作“征”。例如：

1. 尔贡苞茅不入，……寡人是徵。（《左传·僖公四年》）

2. 昭王南征而不复，寡人是问。（同上）

3. 桑柘废来犹纳税，田园荒后尚徵苗。（杜荀鹤《时世行》）

4. 任是深山更深处，也应无计避征徭。（同上）

5. 京师学者咸怪其无徵。（《后汉书·张衡传》）

〔乾：幹：干〕一律写作“干”（不包括乾坤的“乾”）。“乾”和“干”同音，“幹”和“干”同音不同调（“幹”去声，“干”阴平声）。古代“乾”“幹”“干”不通用。“乾”是乾燥的“乾”，“幹”是树幹、躯幹的“幹”（这个意义又写作“榦”）和才幹的“幹”，“干”是盾牌（“干戈”二字常常连用）。例如：

1. 凡稻，旬日失水即愁旱乾。（宋应星《稻》）

2. 柏虽大幹如臂，无不平贴石上。（徐宏祖《游黄山记》）

3. 田园寥落干戈后，骨肉流离道路中。[①]（白居易《望月有感》[②]）

以上所述一个简体字兼代古代两个字的情况是值得特别注意的。但是大多数的情况是一个简体字替换一个繁体字，

① 大意是说，战争之后，田园荒芜了，兄弟们在道路上流浪着。

② 这首诗的全名是《自河南经乱关内阻饥兄弟离散各在一处因望月有感聊书所怀寄上浮梁大兄於潜七兄乌江十五兄兼示符离及下邽弟妹》。

如“书”替换了“書”，“选”替换了“選”，“听”替换了“聽”，等等，只要随时留心，繁体字是可以逐渐熟悉的。

（三）异体字

所谓异体字，是一个字有两种以上的写法。例如“线”字在古书中，既可以写作“綫”，又可以写作“線”。“于”字在古书中，既可以写作“于”，又可以写作“於”[①]。在今天，汉字简化以后，异体字也只保留一个了，如用“綫”（简作“线”）不用“線”，用“于”不用“於”。但是我们阅读古书，还是应该认识异体字。

废除异体字，大致有两个标准。第一个标准是保留笔画较少的字，第二个标准是保留比较常见的字。这两个标准有时候发生矛盾。例如“于”字比“於”字笔画少，但是“於”字比“于”字常见。依照简化的原则，决定采用了“于”字。又如“無”字比“无”字常见，“傑”字比“杰”字常见，“淚”字比“泪”字常见[②]，“无”“杰”“泪”笔画较少，被保留下来，而“無”“傑”“淚”就废除了。

---

① 严格地说，“于”和“於”是略有分别的。这里从一般的看法。

② “泪”字一般只出现在小说里。

有时候，某些异体字不但笔画多，而且很少用，当然就废除了。例如：

德：悳　匆：悤　奔：犇　粗：觕麤　梁：樑

这里不可能把所有的异体字都开列出来。只是举出一些例子，使大家注意这种现象。我们读古书的时候遇见异体字，一查字典就解决了。

（四）古字通假

通是通用，假是借用（“假”就是“借”的意思）。所谓古字通假，就是两个字通用，或者这个字借用为那个字的意思。古字通假常常是两个字读音相同或相近，其中一个算是“本字”，另一个算是“假借字”。例如“蚤”的本义是跳蚤，但是在《诗经》里借用为“早”（《豳风·七月》：“四之日其蚤，献羔祭韭。”），在早晨的意义上，“早”是本字，“蚤”是假借字。这种假借字，在上古的书籍里特别多。例如：

1. 秦伯说，与郑人盟。（《左传·僖公三十年》）

（“说”假借为“悦”。）

2. 先生不羞，乃有意欲为收责于薛乎？（《战国策·齐策》）

（“责”假借为“债”。）

3. 距关，毋内诸侯。（《史记·项羽本纪》）

（“距”假借为“拒”，“内”假借为“纳”。）

4. 愿伯具言臣之不敢倍德也。（同上）

（“倍”假借为“背”。）

古字通假的问题是很复杂的，现在先讲一个大概，以后还可以进一步研究。

五、古代汉语的词汇

词汇是一种语言里全部的词，在汉语里，一个一个的词合起来构成汉语的词汇。我们学习古代汉语，词汇占着极其重要的地位。如果掌握了古代汉语词汇，就可以算是基本上掌握了古代汉语，因为古今语法的差别不大，古今语音的差别虽大，但是不懂古音也可以读懂古书。唯有古代汉语的词汇，同现代汉语的词汇差别相当大，非彻底了解不可。下面分为四个问题来谈：（一）古今词义的差别；（二）读音和词义的关系；（三）用典；（四）礼貌的称呼。

（一）古今词义的差别

古代的词义，有些是直到今天没有变化的，例如“人”“手”“大”“小”“飞”等。有些则是起了变化的，虽然变化不大，毕竟古今不同，如果依照现代语来理解，那就陷于错误。我们读古代汉语，不怕陌生的字，而怕熟字，对于陌生的字，我们可以查字典来解决；至于熟字，我们就容易忽略过去，似懂非懂，容易弄错。现在举些例子来说明古今词义的不同。

〔兵〕今天的“兵”指人，上古的“兵”一般指武器。《楚辞·国殇》：“车错毂兮短兵接。”后代也沿用这个意义，如“短兵相接”，但是也像现代一样可以指人了。

〔盗〕今天的“盗”指强盗，上古的“盗”指偷（今天还有“盗窃”一词）。《荀子·修身》：“窃货曰盗。”后代也像现代一样可以指强盗了。如“俘囚为盗耳”（司马光《李愬雪夜入蔡州》）。

〔走〕今天的“走”指行路，古代的“走”指跑。如“扁鹊望桓侯而还走”（《韩非子·扁鹊见蔡桓公》）。注意：即使到了后代，“走”字有时也只指跑，不指行路。如“走马看花”。现在广东人说“走”也还是跑的意思。

〔去〕古人所谓“去”，指的是离开某一个地方或某人。如《诗经·魏风·硕鼠》：“逝将去女，适彼乐土。”“去女”应该理解为“离开你”。又如范仲淹《岳阳楼记》：“则有去国怀乡，忧谗畏讥。”“去国”应该理解为“离开国都”。又如《史记·孙膑》：“魏将庞涓闻之，去韩而归。”古书上常说“去晋”“去齐”，应该理解为“离开晋国”“离开齐国”，而不是“到晋国去”“到齐国去”（意思正相反）。这是特别值得注意的。

〔把〕古人所谓“把”，指的是“握住”或“拿着”。如“手把文书口称敕”（白居易《卖炭翁》）。今天我们仅在说“把住舵”“紧紧把住冲锋枪”一类情况下，还保存着古代这种意义。

〔江〕古人所谓“江”，专指长江。如“楚人有涉江者”（《吕氏春秋·刻舟求剑》）。

〔河〕古人所谓“河”，专指黄河。如“为治斋宫河上”（《史记·西门豹治邺》）。“江河”二字连用时，指长江和黄河。如“假舟楫者，非能水也，而绝江河”（《荀子·劝学》）。

〔无虑〕古代有副词“无虑”，不是无忧无虑的意思，而是“总有”“约有”（指数量）的意思。如“所击杀者无虑百十人”（徐珂《冯婉贞》）。

〔再〕上古“再”字只表示“两次”，超过“两次”就不能说“再”。如“五年再会”，意思是五年之间集会两次（不是五年之后再集会一次）；又如“再战再胜”，意思是打两次仗，一连两次获胜（不是再打一次仗，再胜一次）。《史记·孙膑》：“田忌一不胜而再胜。”是说田忌赛马三场，输了一场，赢了两场。唐宋以后，“再”字也有像现代语一样讲的，如“用讫再火，令药熔”（沈括《活板》）。

〔但〕古代“但”不当“但是”讲，而只当“只”讲。如“不闻爷娘唤女声，但闻黄河流水鸣溅溅”（《木兰诗》）。又如“见其发矢十中八九，但微颔之”（欧阳修《卖油翁》）。又如“无他，但手熟尔”（同上）。蒲松龄《促织》：“但欲求死。”这是没有例外的。如果我们在古书中看见“但”字时解释为“但是”，那就错了。

〔因〕今天“因”字解释为“因为”，古代“因”字解释为“于是”，意义大不相同，值得注意。《史记·孙膑》：“齐因乘胜尽破其军。”应解释为“齐人于是乘胜大破庞涓的军”。《廉颇蔺相如列传》：“相如因持璧却立倚柱。”应解释为“蔺相如于是持璧，却立倚柱”。柳宗元《黔之驴》：“虎因喜。”应解释为“于是老虎高兴了”。如果把这些“因”字解作“因为”，那就大错。欧阳修《卖油翁》的“因曰”，也应该解释为“于是他说”或“接着就说”，而不是解释为“因为他说”。这是沿用上古的意义。但是唐宋以后，有时候“因”字也当“因为”讲，如“夫因兵死守蓬茅”（杜荀鹤《时世行》），那又需要区别看待了。

〔亡〕“亡”的本义是逃亡，本写作亾，从入，从乚（“乚”即“隐”字），会意。这是说，逃亡的人走进隐蔽的地方。上古时代，“亡”不当死讲。《史记·陈涉世家》：“今亡亦死，举大计亦死。”《廉颇蔺相如列传》：“臣尝有罪，窃计欲亡走燕。”又：“从径道亡，归璧于赵。”

〔好〕“好”的本义是女子貌美，所以“好”字从女子，会意。《史记·西门豹治邺》：“巫行视小家女好者，云是当为河伯妇。”又：“是女子不好。”《战国策·赵策》：“鬼侯有子而好，故入之于纣。”（“子”这里指女儿。）古诗《陌上桑》：“秦氏有好女，自名为罗敷。”

以上所讲，是把古代汉语译成现代汉语来讲的。我们也可以反过来做，假定现代汉语里有某一个词，译成古代汉语，应该是什么词呢？那也是很有趣的。让我们举出一些例子来看。

〔找〕上古不说“找”，而说“求”。《吕氏春秋·刻舟求剑》：“舟止，从其所契者入水求之。”《史记·廉颇蔺相如列传》：“求人可使报秦者。”《西门豹治邺》：“求三老而问之。”

〔放〕“安放”的“放”，古人不说“放”，而说“置”。如《韩非子·郑人买履》：“先自度其足，而置之其坐。”

〔放下〕把本来拿着或挑着的东西放下来，古人叫“释”。如“有卖油翁释担而立睨之”（欧阳修《卖油翁》）。

〔换〕古人不说“换”，而说“易”。如“秦王以十五城请易寡人之璧”（《史记·廉颇蔺相如列传》）。

〔拉〕古人不说“拉”，而说“曳”。如“又夹百千求救声，曳屋许许声”（林嗣环《口技》）。

〔睡着〕古人叫“寐”。如“守门卒方熟寐”（司马光《李愬雪夜入蔡州》）。

〔醒〕在上古汉语里，睡醒叫“觉”（又叫“寤”），酒醒叫“醒”，“觉”和“醒”本来是有分别的。古书中所谓“睡觉”，也就是睡醒，不是现代语的“睡觉”。如“妇人惊觉欠伸”（林嗣环《口技》），其中的“觉”字沿用了上古的意义。《口技》同时用“醒”字（“丈夫亦醒”“又一大儿醒”），那是古今词义杂用的例子。

〔正在〕古代汉语说“方”。如“守门卒方熟寐”（司马光《李愬雪夜入蔡州》）。

〔有人〕古代在不肯定是谁的时候，用一个“或”字，等于现代语的“有人”。如“或告元济曰”（司马光《李愬雪夜入蔡州》）。又如“或曰：‘此鹳鹤也。’”（苏轼《石钟山记》）

〔过了一会儿〕古代汉语最常见的说法是“既而”（又说“已而”）。如“既而儿醒，大啼”（林嗣环《口技》）。又如“既而渐近，则玉城雪岭际天而来”（周密《观潮》）。

〔差点儿〕古代汉语说“几”。如“几欲先走”（林嗣环《口技》）。

〔一点儿也不〕古代汉语说“略不”。如“人物略不相睹”（周密《观潮》）。又如“而旗尾略不沾湿”（同上）。

〔本来〕古代汉语说“固”。如“我固知齐军怯”（《史记·孙膑》）。

〔但是〕古人说“然”。如“人人自以为必死，然畏愬，莫敢违”（司马光《李愬雪夜入蔡州》）。

〔罢了〕古人说“耳”（“尔”）或“而已”。如“俘虏为盗耳”（司马光《李愬雪夜入蔡州》）。又如“无他，但手熟尔”（欧阳修《卖油翁》）。又如“一桌、一椅、一扇、一抚尺而已”（林嗣环《口技》）。

由此看来，古今词义的差别是很大的，我们不能粗心大意。如果我们把古书中的“走”看作今天普通话的“走”，把古书中的“睡觉”看作现代语的“睡觉”，等等，那就误解了古书。这是初学古代汉语的人应该注意的一件事。

（二）读音和词义的关系

一个字往往有几种意义。有时候，意义不同，读音也跟着不同。在现代汉语里，已经有这种情况；在古代汉语里，这种情况更多些。下面举出一些例子来看。[1]

〔长〕长幼、首长的“长”应读zhǎng。如“长幼有序”（《荀子·君子》）。又如“推为长”（徐珂《冯婉贞》）。

〔少〕年轻的意义应读shào。如“丈夫亦爱怜其少子乎？”（《战国策·触詟说赵太后》）

〔中〕射中、击中的“中”应读zhòng。如“见其发矢十中

① 其中比较常见的一种读音和意义就不讲了，因为大家都知道了。

八九”（欧阳修《卖油翁》）。

〔间〕用作动词，表示夹在中间或夹杂着的意义时，应读jiàn。如“中间力拉崩倒之声，火爆声，呼呼风声，百千齐作”（林嗣环《口技》）。

〔横〕用作横暴、横逆的意义时，读hèng。如“义兴人谓为三横”（刘义庆《世说新语·周处》）。

〔奇〕用来表示零数的意义时，读jī。如“舟首尾长约八分有奇”（魏学洢《核舟记》）。

〔好〕表示喜欢的意义时读hào。如“医之好治不病以为功！”（《韩非子·扁鹊见蔡桓公》）。“好为《梁父吟》”（《三国志·隆中对》）。又如“好古文”（韩愈《师说》）。“有好事者船载以入”（柳宗元《黔之驴》）。

〔属〕古书中“属”字往往有嘱的意思，也就读zh ǔ 。如“属予作文以记之”（范仲淹《岳阳楼记》）。

〔汗〕可汗的汗读hán。如“昨夜见军帖，可汗大点兵”（《木兰诗》）。

〔骑〕用作名词时旧读jì，当“骑兵”或“骑马的人”讲。如“翩翩两骑来是谁？”（白居易《卖炭翁》）。

〔咽〕用来表示低微的哭声时读yè。如“夜久语声绝，如闻泣幽咽”（杜甫《石壕吏》）。用来表示咽喉时读yān。

〔亡〕用作“无”字时读wú。如“河曲智叟亡以应”（《列子·愚公移山》）。

〔度〕解作测量时读duó。如“先自度其足”（《韩非子·郑人买履》）。又如“度简子之去远”（马中锡《中山狼传》）。

〔说〕解作游说时读shuì，如“说齐使”（《史记·孙膑》）。解作喜悦时读yuè，同“悦”（见上文）。

〔数〕解作屡次时，读shuò。如“扶苏以数谏故，上使外将兵”（《史记·陈涉世家》）。又如“几死者数矣”（柳宗元《捕蛇者说》）。

〔号〕用作动词，解作叫喊或大声哭的意义时，读háo。如“谁之永号？”（《诗经·魏风·硕鼠》）又如“阴风怒号”（范仲淹《岳阳楼记》）。

〔旋〕用作副词时读xuàn。如“旋斫生柴带叶烧”（杜荀鹤《时世行》）。又如“旋见一白酋督印度卒约百人”（徐珂《冯婉贞》）。

〔将〕用作名词时读jiàng。如“王侯将相宁有种乎？”（《史记·陈涉世家》）又如“于是乃以田忌为将”（《史记·孙膑》）。用作动词时，如果当“率领”讲，也读作jiàng。如“自将三千人为中军”（司马光《李愬雪夜入蔡州》）。

〔几〕解作差点儿的“几”字读jī。如“几欲先走”（林嗣环《口技》）。又如“几死者数矣”（柳宗元《捕蛇者说》）。

〔予〕当“我”讲的“予”读yú。如“瞻予马首可也”（徐珂《冯婉贞》）。当“给”讲的“予”读yǔ。

由上所述，可见在大多数情况下，一字两读只是声调的差异。例如多少的“少”读shǎo（上声），老少的“少”读shào（去声）；中央的“中”读zhōng（阴平），射中的“中”读zhòng（去声）；横直的“横”读héng（阳平），横暴的“横”读hèng（去声），等等。除了声调不同之外，声母、韵母完全相同。但也有少数情况是声母不同的，如长短的“长”读cháng，长幼的“长”读zhǎng；或者是韵母不同的，如制度的“度”读dù，测度的“度”读duó；或者是声母韵母都不同的，如解说的“说”读shuō，喜悦的“说”读yuè。（这些字在声调上有同有不同。）

有些字，同一个意义也可以两读，例如观看的“看”，既可以读阴平，也可以读去声。今天我们把“看”字读去声，但是读古典诗词的时候，为了格律的需要，有时候也还该读成阴平。如杜甫《春夜喜雨》：“晓看红湿处，花重锦官城。”又如苏轼《题西林壁》：“横看成岭侧成峰，远近高低各不同。”其中“看”字都该读kān。毛主席《菩萨蛮（大柏地）》：“装点此关山，今朝更好看。”其中“看”字也该读kān。这和词义无关，但是和一字两读有关，所以附带讲一讲。

（三）用典

用典，就是运用古书中的话（典故）。作者常常不明说是用典，但是读者如果古书读多了，就懂得他是用典。有时候，我们必须懂得那个典故，然后才能了解句子的意思。现在举出一些例子，并加以说明。

〔并驱〕《诗经·齐风·还》：“并驱从两狼兮。”蒲松龄《狼》：“骨已尽矣，而两狼之并驱如故。”按，《诗经》原意是两人并驱，追赶两狼。蒲松龄活用这个典故，说成“两狼并驱”。

〔马首是瞻〕《左传》襄公十四年：“荀偃令曰：鸡鸣而驾，塞井夷灶，唯余马首是瞻。”意思是说，你们看着我的马头的方向，跟着我去战斗。徐珂《冯婉贞》：“诸君而有意，瞻予马首可也。”按，这也是活用典故，那时冯婉贞并没有骑马。

〔修门〕《楚辞·招魂》："魂兮归来，入修门些。"修门，指楚国首都郢的城门。文天祥《指南录后序》："时北兵已迫修门外。"这里文天祥指的是南宋临时首都临安的城门。

〔下逐客令〕李斯《谏逐客书》："臣闻吏议逐客，窃以为过矣。"《史记·李斯列传》："秦王乃除逐客之令，复李斯官。"文天祥《指南录后序》："留二日，维扬帅下逐客之令。"这里文天祥活用秦始皇下逐客令的故事，指维扬帅李庭芝不能相容，下令要杀他。

〔号呼靡及〕《诗经·大雅·荡》："式号式呼。"《小雅·皇皇者华》："駪駪征夫，每怀靡及。"文天祥《指南录后序》："天高地迥，号呼靡及。"

〔乌号肃慎〕《淮南子·原道》："射者扞乌号之弓。"《国语·鲁语》："武王克商，通道于九夷八蛮，于是肃慎氏贡楛矢石砮。"马中锡《中山狼传》："援乌号之弓，挟肃慎之矢。"

〔处囊脱颖〕《史记·平原君列传》："毛遂曰：'臣乃今日请处囊中耳。使遂蚤得处囊中，乃颖脱而出，非特其末见而已。'"马中锡《中山狼传》："今日之事，何不使我得早处囊中，以苟延残喘乎？异时倘得脱颖而出，先生之恩，生死而肉骨也。"按，这里马中锡活用毛遂自荐的故事。"使我得早处囊中”，指东郭先生让狼躲进口袋里，“脱颖而出”，指赵简子走后，狼从口袋里出来。

〔生死肉骨〕《左传·襄公二十二年》：“吾见申叔夫子，所谓生死而肉骨也。”注：“已死复生，白骨更肉。”马中锡《中山狼传》用了这个典故，见上条。

〔跋胡疐尾〕《诗经·豳风·狼跋》：“狼跋其胡，载疐其尾。”马中锡《中山狼传》：“前虞跋胡，后恐疐尾。”

〔猬缩蠖屈〕〔蛇盘龟息〕皮日休《吴中苦雨》：“如何乡里辈，见之乃猬缩！”《周易·系辞下》：“尺蠖之屈，以求信（伸）也。”《后汉书·安帝纪》：“又有蛇盘于床第之间。”《抱朴子》：“粮尽，见冢角一物，伸颈吞气。试效之，辄不复饥。乃大龟尔。”马中锡《中山狼传》：“猬缩蠖屈，蛇盘龟息。”

〔多歧亡羊〕《列子·说符》：“杨子之邻人亡羊，既率其党，又请杨子之竖追之。杨子曰：‘嘻！亡一羊，何追者之众？’邻人曰：‘多歧路。’既反，问：‘获羊乎？’曰：‘亡之矣。’曰：‘奚亡之？’曰：‘歧路之中又有歧焉，吾不知所之，所以反也。’心都子曰：‘大道以多歧亡羊，学者以多方丧生。’”马中锡《中山狼传》：“然尝闻之，大道以多歧亡羊。”按，这是引用《列子》原文，所以说“尝闻之”。

〔守株缘木〕《韩非子·五蠹》：“宋人有耕者。田中有株，兔走触株，折颈而死。因释其耒而守株，冀复得兔。兔不可复得，而身为宋国笑。”《孟子·梁惠王上》：“以若所为，求若所欲，犹缘木而求鱼也。”马中锡《中山狼传》：“乃区区循大道以求之，不几于守株缘木乎？”按，这是“守株待兔”“缘木求鱼”两个成语的结合。

古书用典的地方很不少。在中学语文课本里，为了照顾中学水平，不选典故太多的文章。将来如果接触古书，还会遇见许多典故。应该体会到：大多数典故都是活用的，如果死抠字眼，那就讲不通了。

（四）礼貌的称呼

在现代汉语里，人称代词“您”（nín）是一种礼貌的称呼。在古代汉语里，由于封建社会等级制度的关系，礼貌的称呼规定得很严，而且比现代汉语里的礼貌称呼多得多。第一人称用谦称，第二人称和第三人称用敬称。现在分别加以叙述。

（a）第一人称　第一人称就是说话人自称。在古代汉语里，第一人称代词有“吾”“我”“余”“予”等。但是，说话人对于尊辈或平辈常常用谦称。

对君自称为“臣”。如“今在骨髓，臣是以无请也”（《韩非子·扁鹊见蔡桓公》）。在上古时代，对尊辈或平辈，也可以自称为“臣”。如“君弟重射，臣能令君胜”（《史记·孙膑》）。汉代以后，也自称为“鄙人”。如“鄙人不慧，将有志于世”（马中锡《中山狼传》）。

对尊辈或平辈自称其名。如“夫以秦王之威，而相如廷叱之”（《史记·廉颇蔺相如列传》）。有时候，写作“某”，其实也是自称其名。如“某启”（王安石《答司马谏议书》）。正式写信，实际上还是写本名的，只是在起草的时候，为了省事，可以用“某”代本名。因此，王安石《答司马谏议书》中的“某启”，实际上就是“安石启”。下文还有四个“某”，都是“安石”的意思。

君对臣，自称“寡人”。这是春秋战国时代的称呼。如“寡人无疾”（《韩非子·扁鹊见蔡桓公》）。又自称“孤”。这是战国以后的称呼。如“孤不度德量力”（《三国志·隆中对》）。

（b）第二人称　第二人称就是说话人称呼对话人。在古代汉语里，第二人称代词有“汝”“尔”。但是，在表示尊敬或客气的时候，第二人称常常改用敬称。

臣对君，称“君”（春秋时代），称“王”或“大王”（战国时代及后代）。如“君有疾在腠理”（《韩非子·扁鹊见蔡桓公》）。又如“五步之内，相如请得以颈血溅大王矣”（《史记·廉颇蔺相如列传》）。又称皇帝为“陛下”。如《史记·淮阴侯列传》：“陛下不能将兵，而善将将。”（您不会统率士兵，但是您很会统率将军）。

对一般人表示客气，称“子”。如《诗经·郑风·褰裳》：“子不我思，岂无他人？”也称“君”。如《三国志·隆中对》：“君谓计将安出？”又称“足下”。如《史记·陈涉世家》：“足下事皆成。”又称“公”。如《陈涉世家》：“公等遇雨。”

对有爵位的人称他的爵位。如《三国志·隆中对》：“将军身率益州之众出于秦川，百姓孰敢不箪食壶浆以迎将军者乎？”又如《史记·廉颇蔺相如列传》：“鄙贱之人，不知将军宽之至此也。”

对长者，称“先生”。马中锡《中山狼传》：“先生岂有志于济物哉？”

对朋友，称其字。古人有名有字，如司马光名光，字君实；王安石名安石，字介甫。尊辈对卑辈，可以直呼其名，如果对平辈，就该称其字，才算有礼貌。如王安石《答司马谏议书》：“重念蒙君实视遇厚，于反覆不宜卤莽，故今具道所以，冀君实或见恕也。”

（c）第三人称　第三人称是说话人同对话人说起的另一个人或另一些人。在古代汉语里，第三人称代词是“其”“之”等。第三人称也有敬称，这种敬称一般就是那人的身份。如《史记·廉颇蔺相如列传》：“公之视廉将军孰与秦王？”

以上所述，只是比较常见的谦称和敬称；此外还有许多谦称和敬称，这里不详细讲了。

六、古代汉语的语法

语法，指的是语言的结构方式。就汉语来说，主要是讲词与词的关系、虚词的用法、句子的结构。在本章里，我们着重讲古代语法与现代语法不同的地方。我们打算分七节来讲：（一）词类，词性的变换；（二）虚词；（三）句子的构成，判断句；（四）“倒装”句；（五）句子的词组化；（六）双宾语；（七）省略。

（一）词类，词性的变换

古代汉语的词类，跟现代汉语的词类大致相同：总共可以分成十一类[1]，即名词、动词、形容词、数词、量词、代词、副词、介词、连词、助词、叹词。现在分别加以叙述。

1. 名词　表示人或事物的名称的词，叫作名词。例如：

其剑自舟中坠于水。（《吕氏春秋·刻舟求剑》）
黔无驴，有好事者船载以入。（柳宗元《黔之驴》）
时大风雪，旌旗裂。（司马光《李愬雪夜入蔡州》）

2. 动词　表示人或事物的动作、行为、发展变化的词，叫作动词。例如：

一屠晚归，担中肉尽。（蒲松龄《狼》）
木兰当户织。（《木兰诗》）
谍报敌骑至。（徐珂《冯婉贞》）

在现代汉语里，动词下面还有三个附类：a. 判断词，即“是”字；b. 能愿动词，即“能够”“会”“可

① 关于词类，这里的说法和我主编的《古代汉语》略有不同，因为这里要与中学语文课本的说法取得一致。

以”“应该”“肯”“敢”等；c. 趋向动词，即“走来”的“来”，“放下”的“下”，“跳下去”的“下去”等。判断词和趋向动词在古代汉语里都是少见的（参看下文第三节）。能愿动词则是常见的。例如：

以君之力，曾不能损魁父之丘。（《列子·愚公移山》）

郑人有欲买履者。（《韩非子·郑人买履》）

尔安敢轻吾射！（欧阳修《卖油翁》）

3. 形容词　表示人或事物的形状、性质的词，表示动作、行为、发展变化的状态的词，叫作形容词。例如：

寒暑易节。（《列子·愚公移山》）

肉食者鄙，未能远谋。（《左传·曹刿论战》）

将军身被坚执锐，伐无道，诛暴秦。（《史记·陈涉世家》）

4. 数词　表示数目的词叫作数词。例如：

而戍死者固十六七。（《史记·陈涉世家》）

一桌、一椅、一扇、一抚尺而已。（林嗣环《口技》）

策勋十二转，赏赐百千强。（《木兰诗》）

5. 量词　表示人或事物的单位的词，表示动作、行为的单位的词，叫作量词。例如：

距圆明园十里，有村曰谢庄。（徐珂《冯婉贞》）

欲穷千里目，更上一层楼。（王之涣《登鹳雀楼》）

军书十二卷，卷卷有爷名。（《木兰诗》）

孤帆一片日边来。（李白《望天门山》）

量词还可以细分为两种：一种是度量衡的单位和其他规定的单位，如“亩”“卷”等，另一种是天然单位，如“匹”“张”等。在现代汉语里，表示天然单位时，数词很少与名词直接组合，一般总有量词作为中介；在古代汉语里，表示天然单位时，数词经常与名词直接组合，不需要量词作为中介。例如“一桌、一椅、一扇、一抚尺”，并不说成“一张桌、一把椅、一把扇、一把抚尺”。

量词又可以分为名量词、动量词。名量词是“个”“只”“张”“把”等。动量词是“次”“趟”“回”“下”等。在古代汉语里，不但名量词是罕用的，动量词也是罕用的。夏禹治水，“三过其门而不入”，不说“过三次”。又如：

齐人三鼓。（《左传·曹刿论战》）

于是秦王不怿，为一击缻。（《史记·廉颇蔺相如列传》）

客莆田徐生为予三致其种。（徐光启《甘薯疏序》）

6. 代词　代替名词、动词、形容词或数量词的词，叫作代词。例如：

会长老，问之民所疾苦。（褚少孙《西门豹治邺》）

方欲行，转视积薪后，一狼洞其中，意将隧入以攻其后也。（蒲松龄《狼》）

余幼好此奇服兮。（《楚辞·涉江》）

余将告于莅事者，更若役，复若赋，则何如？（柳宗元《捕蛇者说》）

谁可使者？（《史记·廉颇蔺相如列传》）

吾终当有以活汝。（马中锡《中山狼传》）

7. 副词　有一类词，经常用在动词或形容词的前面，表示程度、范围、时间等，这类词叫作副词。例如：

度已失期。（《史记·陈涉世家》）

陈胜、吴广乃谋曰。（同上）

尉果笞广。（同上）

皆指目陈胜。（同上）

吴广素爱人。（同上）

膑亦孙武之后世子孙也。孙膑尝与庞涓俱学兵法。庞涓既事魏，得为惠王将军。（《史记·孙膑》）

于是宾客无不变色离席，奋袖出臂，两股战战，几欲先走。（林嗣环《口技》）

8. 介词　有一类词，同它后面的名词、代词等组合起来，经常用在动词、形容词的前面或后面，表示处所、方向、时间、对象等，这类词叫作介词。例如：

何不试之以足？（《韩非子·郑人买履》）

生乎吾后，其闻道也，亦先乎吾。（韩愈《师说》）

叫嚣乎东西，隳突乎南北。（柳宗元《捕蛇者说》）

乃取一葫芦置于地。（欧阳修《卖油翁》）

9. 连词　把两个词或两个比词大的单位连接起来的词，叫作连词。例如：

与王及诸公子逐射千金。（《史记·孙膑》）

既驰三辈毕，而田忌一不胜而再胜。（同上）

于其身也，则耻师焉。（韩愈《师说》）

居庙堂之高则忧其民，处江湖之远则忧其君。（范仲淹《岳阳楼记》）

10. 助词　助词附着在一个词、一个词组或一个句子上，起辅助作用。在现代汉语里，助词可以分为三类：（1）结构助词，如“的”；（2）时态助词，如“着”“了”“过”；（3）语气助词，如“啊”“吗”“呢”“吧”。古代汉语文言文里，时态助词非常罕见（上古汉语没有时态助词），常见的只有结构助词和语气助词。例如：

遂率子孙荷担者三夫。(《列子·愚公移山》)

自此,冀之南,汉之阴,无陇断焉。(同上)

诸将请所之。(司马光《李愬雪夜入蔡州》)

(以上是结构助词。)

虎见之,庞然大物也。(柳宗元《黔之驴》)

今虽死乎此,比吾乡邻之死则已后矣。(柳宗元《捕蛇者说》)

(以上是语气助词。)

11. 叹词　表示感叹或呼唤应答的声音的词,叫作叹词。例如:

嗟乎,燕雀安知鸿鹄之志哉!(《史记·陈涉世家》)

嘻,技亦灵怪矣哉!(魏学洢《核舟记》)

以上十一类词可以合成两大类,即实词和虚词。能够单独用来回答问题、有比较实在的意义的词叫作实词;不能单独用来回答问题,也没有实在的意义,但是有帮助造句的作用的词叫作虚词。一般以名词、动词、形容词、数词、量词、代词为实词，副词、介词、连词、助词、叹词为虚词。但是代词所指人或事物是不固定的（“他”可以指张三，也可以指李四），在古代汉语里，许多代词都不能单独用来回答问题（如“其”“之”），所以从前的语法学家把代词归入虚词一类。下节讲虚词时，我们也是把代词归入虚词的。

词入句子以后，性质可以改变，如名词变动词，形容词变动词，等等。这叫作词性的变换。现在拣古代汉语里与现代汉语不同的三种词性变换提出来讲一讲。

（a）名词变动词　事物和行为发生某种关系，古人以事物的名称表示某种行为，于是名词变了动词。例如：

石之铿然有声者，所在皆是也，而此独以钟名，何哉？（苏轼《石钟山记》）

人有百口，口有百舌，不能名其一处也。（林嗣环《口技》）

虎不胜怒，蹄之。（柳宗元《黔之驴》）

皆指目陈胜。（《史记·陈涉世家》）

乃钻火烛之。（《史记·孙膑》）

假舟楫者，非能水也，而绝江河。（《荀子·劝学》）

孔子师郯子、苌弘、师襄、老聃。（韩愈《师说》）

齐威王欲将孙膑。（《史记·孙膑》）

公将鼓之。（《左传·曹刿论战》）

策蹇驴，囊图书。（马中锡《中山狼传》）

先生之恩，生死而肉骨也。（同上）

大喜，笼归。（蒲松龄《促织》）

（b）形容词变动词　这又可以分为两种情况：第一种是使某物变成某种状况，叫作“使动”；第二种是把事物看成某种状况，叫作“意动”。

“使动”的例子：

敌人远我，欲以火器困我也。（徐珂《冯婉贞》）

（远我，是使我距离远。）

吾所以为此者，以先国家之急而后私仇也。（《史记·廉颇蔺相如列传》）

其必曰“先天下之忧而忧，后天下之乐而乐”乎。（范仲淹《岳阳楼记》）

乃出图书，空囊橐。（马中锡《中山狼传》）

（空囊橐，使囊橐空。）

专其利三世矣。（柳宗元《捕蛇者说》）

“意动”的例子：

贼易之。（柳宗元《童区寄传》）

（“易”，以为容易对付。）

刺史颜证奇之。（同上）

（“奇”，以为奇特。）

愬然之。（司马光《李愬雪夜入蔡州》）

（c）不及物动词变及物动词　不及物动词是经常不带宾语的动词，及物动词是经常带宾语的动词。拿现代汉语说，“起来”“下去”等是不及物动词，“拿”“打”等是及物动词。在古代汉语里，不及物动词变及物动词也是一种“使动”。例如：

广故数言欲亡，忿恚尉。（《史记·陈涉世家》）

（“忿恚尉”是使尉发脾气。）

臣舍人相如止臣。（《史记·廉颇蔺相如列传》）

（“止臣”是叫我不要这样做。）

然得而腊之以为饵，可以已大风、挛踠、瘘、疠，去死肌，杀三虫。（柳宗元《捕蛇者说》）

（“已”是使止，“去”是使去。）

君将哀而生之乎？（同上）

（“生”是使活下去。）

殚其地之出，竭其庐之入。（同上）

（“殚”“竭”都是使尽的意思。）

先生之恩，生死而肉骨也。（马中锡《中山狼传》）

（“生死”是使死者复生。）

出图书，空囊橐。（同上）

（“出”是使出，拿出来。）

下首至尾。（同上）

（“下”是放下。）

又数刀，毙之。（蒲松龄《狼》）

（“毙”是使毙，即杀死。）

（d）名词用如副词（用作状语）　副词是用作状语的，如果名词用作状语，也就用如副词。例如：

肉食者谋之。（《左传·曹刿论战》）

而相如廷叱之。（《史记·廉颇蔺相如列传》）

得佳者笼养之。（蒲松龄《促织》）

有狼当道，人立而啼。（马中锡《中山狼传》）

猬缩蠖屈，蛇盘龟息。（同上）

道中手自抄录。（文天祥《指南录后序》）

将军身被坚执锐。（《史记·陈涉世家》）

元济于城上请罪，进诚梯而下之。（司马光《李愬雪夜入蔡州》）

以上所讲的词性的变换，是古代汉语的主要特点之一，是值得特别注意的。

（二）虚词

虚词在汉语语法中起着很重要的作用。古代汉语的虚词和现代汉语的虚词有很大的差别。这里着重讲古代汉语的虚词。虚词不能全讲，只拣重要的、古今差别较大的来讲。我们不打算按词类分开讲，因为有些词是兼属两三类的。我们按音序来分先后，只是为了查阅的便利罢了。我们打算讲18个虚词，它们是：

1. ér而	2. fú夫	3. gài盖
4. hū乎	5. qí其	6. shì是
7. suǒ所	8. wèi为	9. yān焉
10. yé耶	11. yě也	12. yǐ以
13. yǐ矣	14. yǔ与	15. zāi哉
16. zé则	17. zhě者	18. zhī之

1. 而

“而”是连词。它有三种主要的用法。

第一种用法等于现代的“而且”。例如：

国险而民附。（《三国志·隆中对》）

号呼而转徙，饥渴而顿踣。（柳宗元《捕蛇者说》）

中峨冠而多髯者为东坡。（魏学洢《核舟记》）

但是，不是每一个“而”字都能译成现代的“而且”；有些“而”字只能不译，它只表示前后两件事的密切关系。例如：

自吾氏三世居是乡，积于今六十岁矣，而乡邻之生日蹙。（柳宗元《捕蛇者说》）

惑而不从师，其为惑也，终不解矣。（韩愈《师说》）

第二种用法等于现代的“可是”“但是”。例如：

此用武之国，而其主不能守。（《三国志·隆中对》）
舟已行矣，而剑不行。（《吕氏春秋·刻舟求剑》）
狼亦黠矣，而顷刻两毙。（蒲松龄《狼》）
西人长火器而短技击。（徐珂《冯婉贞》）
以枪上刺刀相搏击，而便捷猛鸷终弗逮。（同上）

第三种用法是把行为的方式或时间和行为联系起来。这种“而”字也不能译成现代汉语。例如：

哗然而骇者，虽鸡狗不得宁焉。（柳宗元《捕蛇者说》）

捷禽鸷兽应弦而倒者，不可胜数。（马中锡《中山狼传》）

狼失声而逋。（同上）

除了上述三种用法之外，还有一种比较特殊的用法，就是当“如果”讲。例如：

诸君无意则已，诸君而有意，瞻予马首可也。（徐珂《冯婉贞》）

2. 夫

“夫”字有三种主要用法。

第一种“夫”字是助词，它用在句子开头，有引起议论的作用。有“我们须知”“大家知道”的意味。例如：

夫解杂乱纷纠者不控卷，救斗者不搏撠。（《史记·孙膑》）

夫赵强而燕弱，而君幸于赵王，故燕王欲结于君。（《史记·廉颇蔺相如列传》）

夫寒之于衣，不待轻暖；饥之于食，不待甘旨。（晁错《论贵粟疏》）

夫六国与秦皆诸侯，其势弱于秦，而犹有可以不赂而胜之之势。苟以天下之大，而从六国破亡之故事，是又在六国下矣！（苏洵《六国论》）

夫羊，一童子可制之，如是其驯也，尚以多歧而亡；

狼非羊比，而中山之歧可以亡羊者何限？（马中锡《中山狼传》）

第二种“夫”字是代词（指示代词），略等于现代的“这个”“那个”“那些”等，但是语意较轻。例如：

且鄙人虽愚，独不知夫狼乎？（马中锡《中山狼传》）

故为之说，以俟夫观人风者得焉。（柳宗元《捕蛇者说》）

予观夫巴陵胜状，在洞庭一湖。（范仲淹《岳阳楼记》）

第三种“夫”字是语气助词，表示感叹语气。例如：

嗟夫！予尝求古仁人之心，或异二者之为，何哉？（范仲淹《岳阳楼记》）

悲夫！有如此之势，而为秦人积威之所劫，日削月割，以趋于亡。（苏洵《六国论》）

一人飞升，仙及鸡犬，信夫！（蒲松龄《促织》）

3. 盖

“盖”字是副词，表示“大概”“大概是”。例如：

未几，敌兵果舁炮至，盖五六百人也。（徐珂《冯婉贞》）

尝贻余核舟一，盖大苏泛赤壁云。（魏学洢《核舟记》）

盖简桃核修狭者为之。（同上）

“盖”字又是句首助词，仍带一些“大概”的意味，表示下边说的话是一种带推测性的断定。例如：

盖儒者所争，尤在于名实。（王安石《答司马谏议书》）

盖将自其变者而观之，则天地曾不能以一瞬；自其不变者而观之，则物与我皆无尽也。（苏轼《前赤壁赋》）

“盖”字又是连词，表示“因为”的意思，仍带推测性的断定。例如：

余是以记之，盖叹郦元之简，而笑李渤之陋也。（苏轼《石钟山记》）

及敌枪再击，寨中人又骛伏矣。盖借寨墙为蔽也。（徐珂《冯婉贞》）

4. 乎

“乎”是语气词，表示疑问，略等于现代的“吗”。这是最常见的用法。例如：

若毒之乎？（柳宗元《捕蛇者说》）

汝亦知射乎？吾射不亦精乎？（欧阳修《卖油翁》）

有时候表示反问。例如：

求剑若此，不亦惑乎？（《吕氏春秋·刻舟求剑》）

览物之情，得无异乎？（范仲淹《岳阳楼记》）

有时候表示揣测，略等于现代的“吧”。例如：

莫如以吾所长攻敌所短，操刀挟盾，猱进鸷击，或能

免乎？（徐珂《冯婉贞》）

助词“乎”字又表示停顿，没有什么意义。例如：

知不可乎骤得，托遗响于悲风。（苏轼《前赤壁赋》）

“乎”又是介词，等于“于”字。例如：

生乎吾前，其闻道也，固先乎吾，吾从而师之；生乎吾后，其闻道也，亦先乎吾，吾从而师之。（韩愈《师说》）

叫嚣乎东西，隳突乎南北。（柳宗元《捕蛇者说》）

5. 其

“其”字是代词，等于现代的“他的”“她的”“它的”“他们的”“她们的”“它们的”。例如：

帝感其诚。（《列子·愚公移山》）

断其喉，尽其肉，乃去。（柳宗元《黔之驴》）

有时候，“其”字只能译成“他”“她”“它”等，不能译成“他的”“她的”“它的”等。但是这些“其”字及其后面的动词（及其宾语）只构成句子的一部分，不能成为完整的句子。例如：

未知其死也。（《史记·陈涉世家》）

（不能单说“其死”。）

其闻道也，固先乎吾。（韩愈《师说》）

（不能单说“其闻道”。）

惧其不已也。（《列子·愚公移山》）

（不能单说“其不已”。）

如果把现代汉语的“他死了”译成古代汉语的“其死矣”，那是不合古代汉语语法的。

“其”字又等于说“其中的”。例如：

邺三老、廷掾常岁赋敛百姓，收取其钱得数百万，用其二三十万为河伯娶妇。（褚少孙《西门豹治邺》）

因得观所谓石钟者。寺僧使小童持斧，于乱石间择其一二扣之。（苏轼《石钟山记》）

"其"字又可以译成"那个""这种"。例如：

至其时，西门豹往会之河上。（褚少孙《西门豹治邺》）

臣窃以为其人勇士，有智谋。（《史记·廉颇蔺相如列传》）

有蒋氏者，专其利三世矣。（柳宗元《捕蛇者说》）

"其"字又是语气助词，放在句子开头或中间，表示揣测等语气。例如：

今其智乃反不能及，其可怪也欤！（韩愈《师说》）

6. 是

"是"字在古代汉语里，最普通的用法是用作代词，当"这""那"讲。例如：

孰知赋敛之毒有甚是蛇者乎？（柳宗元《捕蛇者说》）

是年谢庄办团。（徐珂《冯婉贞》）

“于是”二字连用，表示“在这个地方”“在这个时候”。有时候，“于是”的意思更空灵一些，表示后一事紧接前一事。例如：

于是集谢庄少年之精技击者而诏之曰。（徐珂《冯婉贞》）

上文说过，古代文言文一般不用判断词“是”字。在某些地方，虽然译成现代“是”字（判断词）似乎也讲得通，仍然应该译成“这”“那”。例如：

是进亦忧，退亦忧。然则何时而乐耶？（范仲淹《岳阳楼记》）

（这样，进也忧，退也忧，那么，什么时候才快乐呢？）

7. 所

“所”字是结构助词，它经常跟动词结合，造成一个具有名词性质的结构。例如：

鲁直左手执卷末，右手指卷，如有所语。（魏学洢《核舟记》）

君子慎其所立乎？（《荀子·劝学》）

女亦无所思，女亦无所忆。（《木兰诗》）

可汗问所欲。（同上）

婉贞挥刀奋斫，所当无不披靡。（徐珂《冯婉贞》）

“所”字也可以跟形容词结合。但是，在这种情况下，形容词已变为带动词的性质。例如：

莫如以吾所长攻敌所短。（徐珂《冯婉贞》）

（“所长”，等于说“所擅长”；“所短”，等于说“所欠缺”。）

“所”字和动词的中间，也可以插进副词或介词。例如：

自张柴村以东道路皆官军所未尝行。（司马光《李愬雪夜入蔡州》）

是吾剑之所从坠。（《吕氏春秋·刻舟求剑》）

在现代汉语里，没有什么虚词能跟“所”字相当；因此，有时候就沿用古代的“所”字。有时候，人们用“的”字译“所”字，如把“何所思”译成“想的是什么”；有时候，人们用“什么……的”译“所”字，如把“如有所语”译成“好像有什么说的”。这些都只是译出大意，并不是说古代的“所”等于现代的“的”。

“所”字及其动词后面，有时候还可以跟着一个“者”字。例如：

所击杀者无虑百十人。（徐珂《冯婉贞》）

又可以跟着一个名词或名词性词组。例如：

乃丹书帛曰“陈胜王”，置人所罾鱼腹中。（《史记·陈涉世家》）

名词前面还可以加个“之”字，如“所罾之鱼”等。

特别要注意的是“所以”二字连用。古代的“所以”不同于现代的“所以”。古代的“所以”，是追究一个“为什么”，或者说明“为了什么”。例如：

故君子居必择乡，游必就士，所以防邪僻而近中正也。（《荀子·劝学》）

（君子居必择乡，游必就士，是为了防邪僻，近中正。）

师者，所以传道受业解惑也。（韩愈《师说》）

（老师，是为了传授道理，教给学业，解释疑难问题的。）

余叩所以。（方苞《狱中杂记》）

（我问这是为什么。）

此所以染者众也。（同上）

（这就是染病人多的原因。）

“所”字另一用法是跟“为”字呼应，表示被动。例如：

仅有敌船为火所焚。（周密《观潮》）

这种“所”字，在文言白话对译中，也是可以不必翻译的。

8. 为

“为”（wèi）是介词，有“给”“替”“为了”“因为”等意思。例如：

苦为河伯娶妇。（褚少孙《西门豹治邺》）

愿为市鞍马，从此替爷征。（《木兰诗》）

“为”（wéi）也是介词，跟“所”字呼应，表示被动。这种“为”字可以译成“被”字。例如：

仅有敌船为火所焚。（周密《观潮》）

行将为人所并。（司马光《赤壁之战》）

“为”（wéi）又是语气助词，用在句末，往往与“何”字呼应，表示反问。例如：

如今人方为刀俎，我为鱼肉，何辞为？（《史记·鸿门宴》）

9. 焉

“焉”字等于介词“于”加代词“是”。放在一句的末尾。例如：

自此，冀之南，汉之阴，无陇断焉。（《列子·愚公移山》）

（“无陇断焉”，无陇断于是，即冀南汉阴无陇断。）

积水成渊，蛟龙生焉。（《荀子·劝学》）

（“蛟龙生焉”，蛟龙生于是，即生于渊中。）

去村四里有森林，阴翳蔽日，伏焉。（徐珂《冯婉贞》）

（“伏焉”，伏于是，即伏于森林之中。）

有时候，“焉”字并不表示“于是”的意思，只是用来煞句。例如：

寒暑易节，始一反焉。（《列子·愚公移山》）

句读之不知，惑之不解，或师焉，或不焉。（韩愈《师说》）

“焉”字又是副词，表示反问。等于现代的“怎么”或“哪里”。例如：

且焉置土石？（《列子·愚公移山》）

10. 耶

“耶”又写作“邪”，是语气助词，表示疑问或反问。它比“乎”字语气较轻，略等于现代的“吗”。例如：

六国互丧，率赂秦耶？（苏洵《六国论》）

如果前面有疑问代词或疑问副词，则略等于现代的“呢”。例如：

又安敢毒耶？（柳宗元《捕蛇者说》）
何忧令名不彰邪？（刘义庆《世说新语·周处》）
岂可近耶？（柳宗元《童区寄传》）
主上宵旰，宁大将安乐时耶！（毕沅《岳飞》）

11. 也

“也”是语气助词，表示判断语气。在文白对译时，这种“也”字不必翻译，但是在译文中应该加一个判断词“是”字。例如：

陈胜者，阳城人也。（《史记·陈涉世家》）

（陈胜是阳城人。）

道之所存，师之所存也。（韩愈《师说》）

（道之所在，就是师之所在。）

此，劲敌也。（徐珂《冯婉贞》）

（这是强大的敌人。）

“也”字也可以解释疑问，说明原因。例如：

于是赵王乃斋戒五日，使臣奉璧，拜送书于庭。何者？严大国之威以修敬也。（《史记·廉颇蔺相如列传》）

强秦之所以不敢加兵于赵者，徒以吾两人在也。（同上）

吾所以为此者，以先国家之急而后私仇也。（同上）

臣所以去亲戚而事君者，徒慕君之高义也。（同上）

有时候，“也”字并非解释疑问或说明原因，而是表示简单的肯定和否定。这些地方可以翻译为“是……的”或“啊”“呢”等。例如：

子子孙孙无穷匮也。（《列子·愚公移山》）

并力西向，则吾恐秦人食之不得下咽也。（苏洵《六国论》）

小学而大遗，吾未见其明也。（韩愈《师说》）

则吾斯役之不幸，未若复吾赋不幸之甚也。（柳宗元《捕蛇者说》）

有时候，“也”字不是用来煞句，而是用来引起下面的分句。例如：

惩山北之塞，出入之迂也，聚室而谋曰。（《列子·愚公移山》）

于其身也，则耻师焉，惑矣。（韩愈《师说》）

12. 以

“以”字的用法颇多，现在只讲四种比较常见的用法。

（1）最常见的用法是用作介词，表示“拿”“用”的意思。例如：

何不试之以足？（《韩非子·郑人买履》）

以残年余力，曾不能毁山之一毛。（《列子·愚公移山》）

敌人远我，欲以火器困我也。（徐珂《冯婉贞》）

（2）作为介词，表示“为了”“因为”“由于”。例如：

吾所以为此者，以先国家之急而后私仇也。（《史记·廉颇蔺相如列传》）

（这是“为了”。）

强秦之所以不敢加兵于赵者，徒以吾两人在也。（同上）

（这是“因为”。）

以我酌油知之。（欧阳修《卖油翁》）

（这是“由于”。）

（3）作为连词，表示目的，等于说“来”或“以便”。例如：

吾必尽吾力以拯吾村。（徐珂《冯婉贞》）

（尽我的力量来救我的村子。）

时墨者东郭先生将北适中山以干仕。（马中锡《中山狼传》）

（去中山以便求官。）

（4）作为连词，用法同“而”，可以译成“而且”。例如：

就其善者，其声清以浮，其节数以急。（韩愈《送孟东野序》）

古之君子，其责己也重以周，其待人也轻以约。（韩愈《原毁》）

13. 矣

“矣”字是语气助词，用在句末，等于现代的“了”

或“啦”。例如：

舟已行矣。（《吕氏春秋·刻舟求剑》）
官军至矣！（司马光《李愬雪夜入蔡州》）
事急矣！（马中锡《中山狼传》）
我将逝矣。（同上）

14. 与

“与”字是连词，跟现代的“和”相当。例如：

吾与汝毕力平险。（《列子·愚公移山》）
尝与人佣耕。（《史记·陈涉世家》）

“与”又是介词，跟现代的“同”相当。例如：

此犹文轩之与敝舉也。（《墨子·公输》）
白沙在涅，与之俱黑。（《荀子·劝学》）

“与其”二字连用，跟后面的“孰若”相应，用来比较两件事的利害得失。例如：

与其杀是僮，孰若卖之？与其卖而分，孰若吾得专焉？（柳宗元《童区寄传》）

“与”又读yú（阳平声），后来又写成“欤”。这是语气助词，用在句末，表示疑问，跟“耶”的意思差不多，也可以译成“吗”或“呢”。例如：

不知周之梦为胡蝶与，胡蝶之梦为周与？（《庄子·齐物论》）

有时候，“与”（欤）又表示一种感叹语气或揣测语气，略等于现代的“啊”或“吧”。例如：

将有作于上者，得吾说而存之，其国家可几而理欤？（韩愈《原毁》）

15. 哉

“哉”是语气助词，用在句末，表示感叹。可译为“啊”。例如：

嘻，技亦灵怪矣哉！（魏学洢《核舟记》）

在多数情况下，“哉”字与疑问词相应表示反问，但仍带感叹语气。可以译为“吗”或“呢”。例如：

先生岂有志于济物哉？（马中锡《中山狼传》）

禽兽之变诈几何哉？（蒲松龄《狼》）

16. 则

“则”是连词，表示两件事的先后相承的关系。可以译为现代的“就”。例如：

非死则徙尔。（柳宗元《捕蛇者说》）

其余，则熙熙而乐。（同上）

有时候，“则”字应该译成“那么”“那么……就”。例如：

君不如肉袒伏斧质请罪，则幸得脱矣。（《史记·廉颇蔺相如列传》）

三十日不还，则请立太子为王，以绝秦望。（同上）

君将哀而生之乎？则吾斯役之不幸，未若复吾赋不幸之甚也。向吾不为斯役，则久已病矣。（柳宗元《捕蛇者说》）

17. 者

“者”字是结构助词，它经常附在动词或形容词的后面，组成名词性的结构。一般可把“者”字译成“的”。例如：

存者且偷生，死者长已矣！（杜甫《石壕吏》）

有时候，译成“的人”更合适些。例如：

募有能捕之者。（柳宗元《捕蛇者说》）

京中有善口技者。（林嗣环《口技》）

有时候，“者”字不再能译为“的”，它只是和前面的字合成一个名词。例如：

时墨者东郭先生将北适中山以干仕。（马中锡《中山

狼传》)

向者霸上、棘门军，若儿戏耳。(《史记·周亚夫军细柳》)

“者”字又是语气助词，用在句末，等于现代的“似的”。例如：

言之，貌若甚戚者。(柳宗元《捕蛇者说》)

然往来视之，觉无异能者。(柳宗元《黔之驴》)

“者”字又放在小停顿的前面（在书面语言中放在逗号前面），表示下面将要有所解释。例如：

北山愚公者，年且九十，面山而居。(《列子·愚公移山》)

诸葛孔明者，卧龙也。(《三国志·隆中对》)

师者，所以传道受业解惑也。(韩愈《师说》)

开火者，军中发枪之号也。(徐珂《冯婉贞》)

如果要解释原因，也可以采取这个方式。例如：

强秦之所以不敢加兵于赵者，徒以吾两人在也。（《史记·廉颇蔺相如列传》）

吾所以为此者，以先国家之急而后私仇也。（同上）

18. 之

“之”字有两种主要用法。一种是用作代词，另一种是用作结构助词。

“之”字用作代词，表示“他”“她”“它”“他们”“她们”“它们”，但是只能用在动词的后面，不能用在动词的前面。例如：

郑人有欲买履者，先自度其足而置之其坐。至之市，而忘操之。（《韩非子·郑人买履》）

有遗男，始龀，跳往助之。（《列子·愚公移山》）

注意：有些“之”字虽可解释为“它”，但不能翻译为“它”。现代汉语在这种地方用“它”就很别扭。这也是古今语法不同的地方。例如：

"吾祖死于是，吾父死于是。今吾嗣为之十二年，几死者数矣。"言之，貌若甚戚者。（柳宗元《捕蛇者说》）

（"之"指"吾祖死于是，吾父死于是……"这一件事。）

以吾酌油知之。（欧阳修《卖油翁》）

（"之"指手熟就能善射的道理。）

有时候，甚至前面没有说到什么，也可以来一个"之"。例如：

怅恨久之。（《史记·陈涉世家》）

人非生而知之者，孰能无惑？（韩愈《师说》）

如有离违，宜别图之。（司马光《赤壁之战》）

"之"字用作结构助词，使名词和前面的词发生关系，略等于现代的"的"字。例如：

故不登高山，不知天之高也；不临深谿，不知地之厚也。（《荀子·劝学》）

生于高山之上，而临百仞之渊。（同上）

有时候，“之”字后面不是一个名词，而是颇长的一个结构，那么，这个结构也该认为带有名词的性质。例如：

则吾恐秦人食之不得下咽也。（苏洵《六国论》）

下文第五节讲到“句子的词组化”时，还要再讲这个问题。

（三）句子的构成，判断句

一般的句子由主语和谓语两部分组成。主语部分是陈述的对象，谓语部分就是陈述的话。例如：

妇‖抚儿。（林嗣环《口技》）

黔‖无驴。（柳宗元《黔之驴》）

主语部分里的主要的词叫作主语；谓语部分里的主要的词叫作谓语。例如：

君之病‖在肠胃。（《韩非子·扁鹊见蔡桓公》）

（“病”，主语；“在”，谓语。）

公‖亦以此自矜。（欧阳修《卖油翁》）

（“公”，主语；“矜”，谓语。）

句子里除了主语和谓语以外，还常常要用一些词做连带成分。一般讲连带成分，指的是宾语、定语、状语。

宾语表示行为所涉及的人或物，一般放在动词的后面，如上面所举“抚儿”的“儿”，“无驴”的“驴”，“在肠胃”的“肠胃”。又如：

亮躬耕陇亩。（《三国志·隆中对》）

老翁逾墙走，老妇出门看。（杜甫《石壕吏》）

定语放在名词的前面，用来修饰、限制名词。例如上文所举“老翁”的“老”，“君之病”的“君”。又如：

阿爷无大儿，木兰无长兄。（《木兰诗》）

以刀劈狼首。（蒲松龄《狼》）

状语是动词、形容词前边的连带成分，用来修饰、限制动词、形容词的。例如上面所举“公亦以此自矜”的“亦”“以此”“自”，“晋陶渊明独爱菊”的“独”，“故人西辞黄鹤楼”的“西”。又如：

其剑自舟中坠于水。（《吕氏春秋·刻舟求剑》）

于厅事之东北隅施八尺屏障。（林嗣环《口技》）

儿含乳啼。（同上）

宾客意少舒。（同上）

由于谓语性质的不同，句子可以分为三类：（1）叙述句；（2）描写句；（3）判断句。

叙述句以动词为谓语。例如：

诸将请所之。（司马光《李愬雪夜入蔡州》）

四鼓，愬至城下。（同上）

描写句以形容词为谓语。例如：

雄兔脚扑朔，雌兔眼迷离。（《木兰诗》）

夜半雪愈甚。（司马光《李愬雪夜入蔡州》）

判断句以名词为谓语。例如：

吴广者，阳夏人也。（《史记·陈涉世家》）

其巫，老女子也。（褚少孙《西门豹治邺》）

以上所述汉语句子的构成，大多数情况都是古今语法一致的，所以不详细加以讨论。现在只提出判断句来讨论一下，因为古代汉语的判断句和现代汉语的判断句却是大不相同的。

在古代汉语里，判断句一般不是由判断词“是”字来表示的。最普通的判断句是在主语后面停顿一下（按现代的标点是用逗号表示），再说出谓语部分（即判断语），最后用语气词“也”字收尾。例如：

浙江之潮，天下之伟观也。（周密《观潮》）

（浙江的海潮是天下雄伟的景象。）

有时候，主语后面加上一个“者”字，更足以表示停顿。例如：

师者，所以传道受业解惑也。（韩愈《师说》）

有时候，判断语很短，虽然主语后面加上“者”字，“者”字后面也不停顿。例如：

杨诚斋诗曰“海涌银为郭，江横玉系腰”者是也。（周密《观潮》）

（杨诚斋诗里说的“海涌银为郭，江横玉系腰”，就是指这样的景象。这里的“是”字不是判断词，而是代词，指这样的景象。）

如果主语是个代词，中间一般就没有停顿（按现代的标点不加逗号），但是仍旧不用判断词“是”字。例如：

我区氏儿也。（柳宗元《童区寄传》）

（我是区家的孩子。）

此谋攻之法也。（孙子《谋攻》）

（这是用谋略攻取的方法。）

谁可使者？（《史记·廉颇蔺相如列传》）

（谁是可以出使的人？）

有时候，句子开头有个“是”字，但这种“是”字不是判断词，而是代词（等于现代语的“这”）。例如：

星坠木鸣，国人皆恐。曰：是何也？曰：无何也。是天地之变，阴阳之化，物之罕至者也。（荀子《天论》）

（“是”字都应翻译作“这是”。）

有时候，句子里没有主语（主语省略了），只有谓语（判断语），更用不着判断词“是”字。例如：

对曰：“忠之属也。”（《左传·曹刿论战》）

（曹刿说：“这种事是尽了本职的一类事情。”）

虎见之，庞然大物也。（柳宗元《黔之驴》）

（那驴是庞然大物。）

旋见一白酋督印度卒约百人，英将也。（徐珂《冯婉贞》）

（一会儿看见白人头子率领着大约一百名印度兵，那就是英国的军官。）

有两个字能有判断词的作用：第一个是“非”字，第二个是“为”字。

“非”字可以认为一种否定性的判断词，略等于现代语的“不是”。例如：

人非生而知之者，孰能无惑？（韩愈《师说》）

“为”字可以认为一种肯定性的判断词，略等于现代语的“是”。例如：

自冯瀛王始印五经，已后典籍皆为板本。（沈括《活板》）

（五代冯道时开始印五经，从此以后，书籍都是板印的本子。）

若止印三二本，未为简易。（同上）

（如果只印两三本，不能算是简便。）

若印数十百千本，则极为神速。（同上）

（如果印数十、数百、数千本，那就是非常快速的。）

但是要注意：并不是所有的地方都用得上“为”字。例如“童寄者，郴州荛牧儿也”，在古代汉语里就很少人写成“童寄为郴州荛牧儿”，而且绝对没有人写成“童寄为郴州荛牧儿也”。

古代汉语里也不是绝对不用判断词“是”字。汉代以后，比较通俗的诗文还是用判断词“是”字的。例如：

翩翩两骑来是谁？（白居易《卖炭翁》）

（两个骑马的人翩翩而来，他们是谁呀？）

但是，就通常情况说，古代汉语是不用判断词“是”字的。这一点必须特别注意。

（四）“倒装”句

古代汉语的句子和现代汉语的句子，结构方式不很一样。有时候，宾语放在动词的前面，若拿现代语的句法来比较，觉得用词的次序颠倒了，可以叫作“倒装句”。不过，在古人看来，却并非“倒装”，因为古代这种句法是正常的句法。现在分为四种情况来讲。

（a）疑问句　在古代汉语的疑问句里，如果宾语是个代词，它就放在动词或介词的前面。例如：

卿欲何言？（司马光《赤壁之战》）

（你想说什么？）

客何为者？（《史记·鸿门宴》）

（这客人是干什么的？）

介词“与”“以”本来有动词性，它的宾语也该放在它的前面。例如：

微斯人，吾谁与归？（范仲淹《岳阳楼记》）

（不是这样的人，我跟谁在一起呢？）

何以知之？（《史记·廉颇蔺相如列传》）

（你凭什么知道呢？）

注意：宾语必须是个代词，然后可以“倒装”。如果宾语不是代词，就不能“倒装”。

（b）否定句　在古代汉语否定句里，如果宾语是个代词，它就放在动词前面。例如：

古之人不余欺也。（苏轼《石钟山记》）

（古人不骗我。）

每自比于管仲、乐毅，时人莫之许也。（《三国志·隆中对》）

（当时没有谁承认他能比管仲、乐毅。）

城中皆不之觉。（司马光《李愬雪夜入蔡州》）

（城里人都不觉察它。“它”指官兵进城这回事。）

注意一：宾语必须是代词，然后可以“倒装”。如果宾语不是代词，即使是否定式，也不能“倒装”。例如“不闻爷娘唤女声”（《木兰诗》）不能说成“不爷娘唤女声闻”。“遂不得履”（《韩非子·郑人买履》）也不能说成“遂不履得”。

注意二：否定词必须是直接放在代词宾语前面的，然后宾语可以“倒装”。如果句中虽有否定词但不是直接放在代词宾语前面，就不能“倒装”。例如：

板印书籍，唐人尚未盛为之。（沈括《活板》）

（不能说成“未盛之为”。）

不以木为之者，文理有疏密，沾水则高下不

平。（同上）

（不能说成“不以木之为”。）

（c）“是以”“是以”这个词组也算“倒装”，因为“是以”是“以是”的颠倒，是“因此”的意思（是=此；以=因）。例如：

今在骨髓，臣是以无请也。（《韩非子·扁鹊见蔡桓公》）

（d）“之”“是”“之”和“是”是使句子“倒装”的一种手段。说话人把宾语提到动词前面去，只要把“之”或“是”插在宾语和动词的中间就行了。例如：

富而使人分之，则何事之有？（《庄子·天地》）
（富而让人分享，还有什么事呢？）
唯余马首是瞻。（《左传·襄公十四年》）
（只看我的马头。）

以上所述的“倒装句”都是上古时代的语法。到了中古以后，口语已经变为“顺装”，但是在文人的作品里，这种“倒装句”还是沿用下来了。

（五）句子的词组化

两个或更多的词的组合，叫作词组。词和词并列地联合起来，叫作联合词组，如“工农”。定语、状语、补语和中心词组合起来，叫作偏正词组，如“中国人民的革命斗争”。动词和宾语组合起来，叫作动宾词组，如“战胜敌人”。主语和谓语组合起来做句子的一个成分的，叫作主谓词组，如“人民相信革命一定会胜利”“我们不知道你来”。

在古代汉语里（特别是上古汉语里），主谓词组很少。凡主语和谓语组合起来，往往算是一个句子；如果要使它词组化，作为主语或宾语，还得在主语和谓语之间加上一个“之”字，使它变为偏正词组。例如《史记·廉颇蔺相如列传》“即患秦兵之来”，若依现代汉语语法，只说“就怕秦兵来”就行了（“秦兵来”在这里是个主谓词组）；但若依上古汉语语法，“即患秦兵来”不成话，必须说成“即患秦兵之来”（“秦兵之来”是偏正词组）。我们从古代汉语译成现代汉语的时候，可以省去“之”字不译，只译成“就怕秦兵来”，但是，我们讲古代汉语语法的时候，仍应理解为“就怕秦兵的到来”，看成偏正词组。这又是古代汉语的重要特点之一。

既然古代汉语的主语和谓语结合起来一般地只构成句子而不构成词组，那么这种在主语和谓语中间插进一个“之”字的方式也就可以称为词组化。例如：

> 故不登高山，不知天之高也；不临深谿，不知地之厚也；不闻先王之遗言，不知学问之大也。（《荀子·劝学》）
>
> 且夫水之积也不厚，则其负大舟也无力。（《庄子·逍遥游》）
>
> 吾师道也，夫庸知其年之先后生于吾乎？（韩愈《师说》）
>
> 师道之不传也久矣！欲人之无惑也难矣！（同上）
>
> 呜呼！师道之不复，可知矣。（同上）
>
> 悍吏之来吾乡，叫嚣乎东西，隳突乎南北。（柳宗元《捕蛇者说》）
>
> 岂若吾乡邻之旦旦有是哉！（同上）
>
> 比吾乡邻之死则已后矣。（同上）

有时候，词组化了以后，并不作为主语，也不作为宾语，只作为不完全句，表示感叹。例如：

医之好治不病以为功！（《韩非子·扁鹊见蔡桓公》）
天之亡我，我何渡为！（《史记·项羽本纪》）
（这是天要我灭亡！我还渡江做什么！）

这种表示感叹的不完全句，中古以后就很少见了。

“其”字的意义是“××之”，所以“其”字的作用和“之”字的作用一样，也能使主谓形式词组化。例如：

操蛇之神闻之，惧其不已也。（《列子·愚公移山》）
（“其不已”是“惧”的宾语。）
秦王恐其破璧。（《史记·廉颇蔺相如列传》）
（“其破璧”是“恐”的宾语。）

（六）双宾语

在现代汉语“给他书”这个结构里，共有两个宾语：第一个宾语是“他”，因为它和动词接近，叫作近宾语；第二个宾语是“书”，因为它距离动词较远，叫作远宾语。近宾语是个代词，远宾语是个名词。

在古代汉语里，“给他书”可以译成“与之书”。这类结构是常见的。但是，在古代并不限于说“给予”的时候才用双宾语。双宾语在古代汉语里的应用，比现代汉语还要广泛些。例如：

> 议不欲予秦璧。（《史记·廉颇蔺相如列传》）
> （“秦”，近宾语；“璧”，远宾语。）
> 相如视秦王无意偿赵城。（同上）
> （“赵”，近宾语；“城”，远宾语。）
> 问之民所疾苦。（褚少孙《西门豹治邺》）
> （“之”，近宾语；“民所疾苦”，远宾语。）
> 使人遗赵王书。（《史记·廉颇蔺相如列传》）
> （“赵王”，近宾语；“书”，远宾语。）
> 取吾璧，不予我城，奈何？（同上）
> （“我”，近宾语；“城”，远宾语。）

双宾语中的近宾语，往往用“我”“之”等字。当译成现代汉语时，可以译为“给我”“给他”“为了我”“为了他”“对我”“对他”等。

（七）省略

古代汉语另有一种结构也显得比现代汉语简单些，那就是所谓“省略”。“省略”是省掉句子里的一个部分，如省掉主语（《晏子使楚》：“对曰：‘〔 〕齐人也。’”）；或者是省掉一个词。这里我们专讲省略一个词的情况，因为这种省略不但是常见的，而且是容易忽略的。

（a）“于”字的省略

动宾词组中，宾语如果是代词（有时候是名词），而后面的介词结构是“于”字加名词，那么，这个“于”字往往省略。例如：

西门豹往会之河上。（褚少孙《西门豹治邺》）
（等于说“会之于河上”。）
复投一弟子河中。（同上）
（等于说“投一弟子于河中”。）
以区区百人，投身大敌。（徐珂《冯婉贞》）
（等于说“投身于大敌”。）

如果谓语是个不及物动词，谓语后面的介词是“于”字加名词，这个“于”字也往往省略。例如：

皆衣缯单衣，立大巫后。（褚少孙《西门豹治邺》）
（等于说“立于大巫后”。）

如果谓语是个形容词，谓语后面的介词是“于”字加名词或名词性词组，介词结构表示“在……方面”，这个“于”字也往往省略。例如：

西人长火器而短技击。（徐珂《冯婉贞》）
（等于说“长于火器而短于技击”。）
火器利袭远，技击利巷战。（同上）
（等于说“火器便于袭远，技击便于巷战”。）

如果谓语是个形容词，而介词结构表示比较，“于”字也往往省略。例如：

是儿少秦武阳二岁。（柳宗元《童区寄传》）
（等于说“少于秦武阳二岁”。）

(b)介词后面代词的省略

介词如果是个“为”字(读wèi,为着,为了),或者是个“以”字,介词后面是个代词(一般是“之”字),这个代词可以省略。例如:

> 女居其中。为具牛酒饭食。(褚少孙《西门豹治邺》)
> (等于说“为之具牛酒饭食”。)
> 愿为市鞍马,从此替爷征。(《木兰诗》)
> (等于说“愿为此买鞍马”。)
> 愿以闻于官。(柳宗元《童区寄传》)
> (等于说“愿以之闻于官”。)

所谓“省略”,其实只是习惯上容许的另一种结构。不能理解为非正式的、例外的。“为具牛酒饭食”,并不比“天子为之具牛酒饭食”更少见,“愿以闻于官”并不比“愿以之闻于官”更少见。“于”字的省略,也同样不能理解为非正式。

本章讲的是古代汉语语法,特别着重讲了古今语法不同之点。为了便于初学,叙述得特别简单。如果要深入研究古代汉语语法,还要看一些专书。

中国古代的历法

古代的历法，起于商代以前，后来逐步改进。经过天文学家祖冲之、僧一行、郭守敬等人的研究，到了清代，中国的历法已经到了完善的地步。这里简单地介绍中国古代的历法。由于历法和天文有密切关系，同时我们也讲一些中国古代天文学的常识。

一、年岁

年和岁是不同的两个概念。[①]

十二个月为一年。闰年有十三个月。平年有三百五十四日（包括六个大月，六个小月），闰年有三百八十三日。

① 年和岁混用则不别。《尔雅》："夏曰岁、商曰祀、周曰年、唐虞曰载。"

太阳一周天为一岁。所谓太阳一周天，实际上就是太阳过春分点，循黄道东行，复回到春分点的时间。古人所谓岁，也就是现代天文学所谓回归年，又叫太阳年。这样，一岁就是 $365\frac{1}{4}$ 日（实际上是365.24199日）。《尚书·尧典》上说：“期三百有六旬有六日。”“期”是一周岁的意思，“三百有六旬有六日”（三百六十六日）是说一个整数。这实际上是阳历的年，中国历法上叫作“岁实”。

年是阴历，岁是阳历。所以说中国古代历法是阴阳合历。中国的节气是阳历（参看下文）。中国的闰月是用来解决阴阳历的矛盾的（见下文）。

岁的意义来源于岁星，岁星就是木星。岁星约十二年一周天。古人把黄道附近一周天由西向东分为十二个星次，岁星每年行一个星次。十二次的名称是星纪、玄枵、诹訾、降娄、大梁、实沈、鹑首、鹑火、鹑尾、寿星、大火、析木。《左传》襄公二十八年有“岁在星纪”，三十年有“岁在降娄”。《周语·晋语四》有“岁在大火”，都是以岁星纪年，这是最早的纪年法。后人写文章，为了仿古，也采用这种纪年法，例如潘岳《西征赋》有“岁次玄枵”。

较后的有太岁纪年法。古人把黄道附近由东向西分为十二等分，叫作十二辰，即子丑寅卯辰巳午未申酉戌亥，其顺序与十二次正相反。这个顺序在应用上并不方便，于是古人设想一个假岁星，叫作“太岁”，让它由西向东，仍用子丑寅卯辰巳午未申酉戌亥十二辰，于是从寅开始，寅在析木（岁在星纪），卯在大火（岁在玄枵），等等。又为十二辰造了一些别名。即摄提格（寅）、单阏（卯）、执徐（辰）、大荒落（巳）、敦牂（午）、协洽（未）、涒滩（申）、作噩（酉）、阉茂（戌）、大渊献（亥）、困敦（子）、赤奋若（丑）。屈原《离骚》：“摄提贞于孟陬兮，惟庚寅吾以降。”这是说，屈原生于寅年寅月寅日。[①]

据《尔雅》所载。摄提格等十二辰叫岁阴。另有纪年的十干叫岁阳。岁阳的名称是阏逢（甲）、旃蒙（乙）、柔兆（丙）、强圉（丁）、著雍（戊）、屠维（己）、上章（庚）、重光（辛）、玄黓（壬）、昭阳（癸）。甲子纪年起于东汉，较早的纪年法是以岁阳和岁阴相配。《史记·历书》有“焉逢摄提格太初元年（甲寅）、端蒙单阏二年（乙卯）、游兆执徐三年（丙辰）、强梧大荒落四年（丁巳）”，[②]等等。后人仿古，也有采用太岁纪年法的，例如司

---

① 北京大学林庚教授说，屈原并非生于寅年寅月。

② 焉逢即阏逢，端蒙即旃蒙，游兆即柔兆，强梧即强圉。

马光的《资治通鉴》。

木星绕天一周，实际上不是十二年，而是11.86年。所以每隔八十二年就会有一个星次的误差，叫作“超辰”或“超次”。（汉代刘歆已经发现了超辰。但他说一百四十四年超一辰。）由于超辰的关系，汉以后的岁星纪年法渐渐与实际情况不合，误差越来越大，所以司马光《资治通鉴》的岁星纪年，实际上只等于甲子纪年。

二、月

月球运行到太阳和地球之间，跟太阳同时出没，古人认为是日月相会，叫作辰（也写作“辰”），也叫作合朔。月球自合朔绕地球一周再回到合朔，所走的时间是$29\frac{499}{940}$日（实际上是29.53059日）。叫作一个月。这个数目不够三十日，又多于二十九日，所以阴历有月大月小。月大三十日，月小二十九日，大月和小月相同。也就差不多了。还差一点，所以有时候接连两个月都是大月。

古人有所谓月建，把一年十二个月和天上的十二辰联系起来。依夏历，斗柄（北斗的柄）指寅，叫作正月（一月），斗柄指卯，叫作二月，辰是三月，巳是四月，午是五月，未是六月，申是七月，酉是八月，戌是九月，亥是十月，子是十一月，丑是十二月。但是，依殷历，则丑是正月，依周历，则子是正月。三代的历法不同。《诗经·豳风·七月》是夏历和周历并用，所谓“四月”“七月”等，指的是夏历，所谓“一之日（一月）”“二之日（二月）”等，指的是周历。从汉武帝太初元年（公元前104年）直到清代末年，我国一直沿用夏历，以建寅之月为岁首。今天所谓旧历，也指夏历。

三、晦，朔，望，朏，弦

每月的最后一日叫作晦，最初一日叫作朔。朔就是日月合朔的日子。古人很重视朔，因为朔的日子定错了，时序就乱了。天子告朔于诸侯，诸侯告朔于庙。史官纪事，遇事件发生在朔日，必须写明。《尚书·舜典》：“十有一月朔巡守。”《诗经·小雅·十月之交》：“十月之交，朔日辛卯，日有食之。”《左传·僖公五年》：“春王正月辛亥朔，日南至，公既视朔，遂登观台以望。”后代史书纪事，都沿用此法。

古代以干支纪日，史书上不记月之第几日，而记干支，所以我们必须查明该月朔日的干支，然后顺推知道是月之第几日。可查杜预《春秋长历》和陈垣《二十二史朔闰表》。

每月十五日（有时是十六日，偶或是十七日）叫作望。这时地球运行到月亮和太阳的中间。由于太阳和月亮此升彼落，一东一西，遥遥相望，所以叫作望。《释名·释天》："望，月满之名也。月大十六日，小十五日，日在东，月在西，遥相望。"后人以十五日为望，十六日为既望。苏轼《赤壁赋》："壬戌之秋，七月既望，苏子与客泛舟，游于赤壁之下。"《后赤壁赋》："是岁十月之望，步自雪堂，将归于临皋。"①

每月初三叫作朏，《说文》："朏，月未盛之明也，从月出。""朏"是月亮出来了，但是还不十分明亮的意思。月亮和太阳成九十度角，叫作弦。《释名·释天》："弦，月半之名也，其形一旁曲，一旁直，似张弓施弦也。"有上弦下弦之分。上弦指初七或初八，下弦指二十二日或二十三日。

商周时代，一个月分为四部分。第一部分叫初吉，指初一到初七或初八，即朔日到上弦的一段时间。金文《郏敦》："惟二年正月初吉，王在周邵宫。"第二部分叫既生

---

① 一般注本都说《赤壁赋》"既望"指的是七月十六日，其实是七月十七日，因为那年壬戌七月是大月。

魄（也写作“霸”），指初八或初九到十四日或十五日，即上弦到望日的一段时间。《尚书·武成》：“既生魄，庶邦冢君暨百工受命于周。”第三部分叫既望[①]，指十五日或十六日到二十二日或二十三日，即望日到下弦的一段时间。《尚书·召诰》：“惟二月既望，越六日乙未，王朝步自周，则至于丰。”第四部分叫既死魄，指二十三日到二十九日或三十日，即下弦到晦日的一段时间。金文《兮伯吉父盘》：“惟五年三月既死霸庚寅。”又有哉生魄，指初二或初三。《尚书·康诰》：“惟三月哉生魄，周公初基，作新大邑于东国洛。”旁死魄，指二十五日。[②]《尚书·武成》：“惟一月壬辰旁死魄，越翼日癸巳，王朝步自周，于征伐商。”

一个月又分为三部分，叫作旬（甲骨文已有“旬”字）。十天为一旬，又叫“浃日”。《国语·楚语》：“近不过浃日。”十二日为“浃辰”。《左传·成公九年》：“浃辰之间。”

① 这所谓“既望”和后代所谓“既望”（十六日）不同。

② 关于“初吉”“生魄”“死魄”“既望”这些名称，有各种不同的解说，今依王国维说。

四、日，时，刻，分，秒

地球自转一周的时间叫作一日，古人以一昼夜为一日。一日分为十二时（时辰）①，一百刻。每刻有十五分，每分有六十秒。

古人以十二辰纪时，所以后人又叫作“时辰”。从半夜算起，叫作子时。“子夜”就是半夜的意思。今人以夜里十一点到一点的时间为子时，一点到三点为丑时，三点到五点为寅时，五点到七点为卯时，七点到九点为辰时，九点到十一点为巳时，十一点到下午一点为午时，下午一点到三点为未时，三点到五点为申时，五点到七点为酉时，七点到九点为戌时，九点到十一点为亥时，这是符合古制的。

古代计时，用铜壶滴漏法。受水壶里有立箭，箭上划分一百刻，所以叫作“刻”。古代所谓“刻”，与今人所谓“刻”稍有不同。现在一昼夜分为九十六刻，而古人一昼夜分为一百刻。②

昼夜长短，随着时节而不同。依《后汉书》，夏至昼

---

① 现在我们依照国际习惯，一日分为二十四小时。小时只有时辰的一半，所以称为“小时”。

② 梁天监年间，曾一度改为九十六刻，但不久又改回来了。

六十五刻，夜三十五刻；冬至昼四十五刻，夜五十五刻；春分昼五十五刻八分，夜四十四刻二分；秋分昼五十五刻二分，夜四十四刻八分。这只是就中原地区来说，至于其他各地，昼夜长短是不同的。①

远在商代以前，古人就用干支纪日。以十干配十二支，得六十“甲子”。如下表：

甲子	乙丑	丙寅	丁卯	戊辰	己巳
庚午	辛未	壬申	癸酉	甲戌	乙亥
丙子	丁丑	戊寅	己卯	庚辰	辛巳
壬午	癸未	甲申	乙酉	丙戌	丁亥
戊子	己丑	庚寅	辛卯	壬辰	癸巳
甲午	乙未	丙申	丁酉	戊戌	己亥
庚子	辛丑	壬寅	癸卯	甲辰	乙巳
丙午	丁未	戊申	己酉	庚戌	辛亥
壬子	癸丑	甲寅	乙卯	丙辰	丁巳
戊午	己未	庚申	辛酉	壬戌	癸亥

① 据清代《协纪辨方书》，夏至昼五十九刻五分，夜三十六刻十分；冬至昼三十六刻十分，夜五十九刻五分；春分，秋分，昼夜各四十八刻。那是依每日九十六刻计算的。与《后汉书》稍有不同。

注意：先秦两汉，关于每月的日期，都不说初一、初二、初三等，而是用干支纪日。例如《左传》僖公三十二年："冬，晋文公卒，庚辰，将殡于曲沃。"据后人考证，这个庚辰是鲁僖公三十二年十二月十日。后来曾用初一、初二、初三等纪日法，但历史学家仍用干支纪日法。

六十甲子大致相当于两个月，但是由于月大月小合起来只有五十九日，所以每月的干支和日期的对应常常不是一样的。假定正月初一是甲子，则三月初一是癸亥，等等。

五、四时，节，候

一年分为四时，近代叫作四季。正月、二月、三月为春，四月、五月、六月为夏，七月、八月、九月为秋，十月、十一月、十二月为冬。[①]

一年分为二十四个节气，古代叫作"节"或叫作"气"。每月有两个节气，在前者叫作节气，在后者叫作中气。在正常

① 周历以子月为正月，所以四时都比夏历早两个月。《孟子·滕文公上》："秋阳以暴之。""秋阳"指的是夏历五六月的太阳。

的时候，二十四个节气和四时十二个月的配合如下表：

（一）春季

正月	（孟春）	立春	雨水
二月	（仲春）	惊蛰	春分
三月	（季春）	清明	谷雨

（二）夏季

四月	（孟夏）	立夏	小满
五月	（仲夏）	芒种	夏至
六月	（季夏）	小暑	大暑

（三）秋季

七月	（孟秋）	立秋	处暑
八月	（仲秋）	白露	秋分
九月	（季秋）	寒露	霜降

（四）冬季

十月	（孟冬）	立冬	小雪
十一月	（仲冬）	大雪	冬至

十二月（季冬）　　　　小寒　大寒

最初的时候，大约只规定了四个节气，即春分、夏至、秋分、冬至。简称“分至”。[①]在《尚书·尧典》里，叫作仲春、仲夏、仲秋、仲冬（见下文）。后来，增加到八个节气，即《左传》僖公五年所谓“分至启闭”。“分”指春分、秋分；“至”指夏至、冬至；“启”指立春、立夏；“闭”指立秋、立冬。最后规定为二十四个节气。在《淮南子》中，二十四个节气已经具备。

二十四个节气是一个太阳年的二十四等分，所以我们说节气是阳历。一个太阳年共约$365\frac{1}{4}$日，因此，每一个节气是15.2日有奇。[②]

比节更小的单位是“候”。每一个节气有三个候。一个候是五日有奇。古人所谓“时候”，就是指时令和节候。梁简文帝《与刘孝绰书》：“玉霜夜下，旅雁晨飞，想凉燠得宜，时

---

① “分”是昼夜平分的意思。“至”是极、最的意思。夏至日最长，日行最北，日影最短；冬至日最短，日行最南，日影最长。

② 这是所谓恒气。但实际规定的节气不是二十四等分。日行有迟有速。冬至日行最速，春分前三日已行天一个象限（九十度），等等。后人历法精密，以日行天的度数规定节气，叫作定气，与恒气稍有出入，参看下文《赢缩》。

候无爽。”古人所谓“岁候”，也是指时令和节候。《文选》颜延之《夏夜呈从兄散骑车长沙》诗：“岁候初过半，荃蕙岂久芬！”

讲到这里，我们可以总结一下。所谓岁实，是一岁（一个太阳年）实行之数。八等分为八节（分至启闭），二十四等分为节气、中气，七十二等分为候。

古人凭什么规定节气呢？凭天文。具体的办法是：昼测日影，夜考中星。

古人用土圭测日影，夏至日影一尺五寸，影最短；冬至日影一丈三尺，影最长。其余节气由此类推。详见《后汉书·历法》。

所谓夜考中星，是观察初昏时刻的中天星座。白天见日不见星，所以要在初昏观星。《尚书·尧典》说：日中星鸟，以殷仲春；日永星火，以正仲夏；宵中星虚，以殷仲秋；日短星昴，以正仲冬。

仲春、仲秋，指春分、秋分。中，指昼夜平分。日指昼，宵指夜，昼夜平分，则“日中”“宵中”是一样的。仲夏、仲冬，指夏至、冬至。日永，指夏至昼长；日短，指冬至昼短。仲春日中星鸟，是说春分初昏中星为鹑鸟（即二十八宿中的星宿），仲夏日永星火，是说夏至初昏中星为大火（即心宿）；

仲秋宵中星虚，是说秋分初昏中星为虚宿；仲冬日短星昴，是说冬至初昏中星为昴宿。

日躔（太阳经过的星座）在二十八宿中。二十八宿是：

东方苍龙七宿，角亢氐房心尾箕；
北方玄武七宿，斗牛女虚危室壁；
西方白虎七宿，奎娄胃昴毕觜参；
南方朱雀七宿，井鬼柳星张翼轸。

我们观测到了初昏中星，也就可以推知日躔所在，同时也可以推知平旦的中星。所以《礼记·月令》上说：

孟春之月，日在营室①，昏参中，旦尾中；
仲春之月，日在奎，昏弧中，旦建星中②；
季春之月，日在胃，昏七星中，旦牵牛中③；
孟夏之月，日在毕，昏翼中，旦婺女中④；

---

① 营室，即室宿。
② 弧，又叫弧矢，在鬼宿之南。建星在斗宿上。
③ 七星，即星宿。牵牛即牛宿。
④ 女，即女宿。

仲夏之月，日在东井[①]，昏亢中，旦危中；

季夏之月，日在柳，昏火中[②]，旦奎中；

孟秋之月，日在翼，昏建星中，旦毕中；

仲秋之月，日在角，昏牵牛中，旦觜觿中[③]；

季秋之月，日在房，昏虚中，旦柳中；

孟冬之月，日在尾，昏危中，旦七星中；

仲冬之月，日在斗，昏东壁中[④]，旦轸中；

季冬之月，日在婺女，昏娄中，旦氐中。

《诗经·鄘风·定之方中》："定之方中，作于楚宫。""定"即营室（室宿），"定之方中"，是说昏营室中，指的是夏历十月。[⑤]诗人不说"十月"，而说"定之方中"，可见他是有天文学知识的。

---

① 东井，即井宿。

② 火，即心宿。

③ 觜觿，即觜宿。

④ 东壁，即壁宿。

⑤《礼记·月令》："孟冬之月，昏危中。"营室和危宿距离很近。

六、嬴缩

《史记·天官书》：“岁星嬴缩。……其趣舍而前曰嬴，退舍曰缩。”后来天文学家以嬴缩指视太阳在黄道上运行的速度，也写作“盈缩”。由于地球绕太阳的轨道是椭圆的，视太阳在黄道上运行的速度有快有慢，快的时候叫作嬴，慢的时候叫作缩。夏天时速度慢，从春分到秋分，要走一百八十六天多；冬天时速度快，从秋分到春分，只须走一百七十九天多。如果按节气的平均天数来计算，从冬至到春分有六个节气，实际上不到九十天，所以历法上规定的春分并不在昼夜平分的那一天，而是在春分前三天就昼夜平分了；同理，从夏至到秋分有六个节气，实际上超过九十天，所以历法上规定的秋分也不在昼夜平分的那一天，而是在秋分后三天才能昼夜平分。

七、定朔，定气

古人发现日有嬴缩之后，知道一年月大月小相间，每年规定为三百五十四日的历法是不够精密的。日行有嬴缩，月行有迟疾，所以朔日不能不依嬴缩迟疾来规定，容许有一连两个月大或一连两个月小。这种办法叫作“定朔”（古法叫作“经朔”）。古代有个朓字，指的是“晦而月见西方”。自从有了定朔之后，“朓”的现象就不再出现了。

古人发现日有赢缩之后，知道一岁为二十四等分以定二十四节气的历法是不够精密的。有些节气的距离要远些，有些要近些。古法叫作“恒气”，新法叫作“定气”。有了定气，闰月无中气的规定也不是完全正确的了。[1]

八、闰月

置闰，是为了解决阴、阳历的矛盾。上文说过，二十四节气是太阳年的二十四等分，那是阳历。岁实一年$365\frac{1}{4}$日。而阴历每年只有三百五十四日，这样，每年剩余$11\frac{1}{4}$日。因此，三年之后，须增加一个月，叫作闰月。闰月一般是二十九日，三年置闰后，还不足三年的岁实，差$4\frac{3}{4}$日，所以第五年又要置闰。《易经·系辞上》说：“五年再闰。”就是这个道理。但是五岁再闰的历法还不够精密，因为五年置闰两次，却又多出了$1\frac{3}{4}$日，所以后人又规定十九年七闰。大约每三十二个月有一

① 例如：清咸丰元年八月没有中气，置闰；次年二月没有中气，不置闰。

个闰月。

《尚书·尧典》说：“以闰月定四时成岁。”为什么要有闰月才能定四时，才能成岁呢？周天三百六十度，日行一度时，月行$13\frac{17}{19}$度，如果没有闰月，则三年差一个月，以后每月都差；九年差三个月，即以春为夏；十七年差六个月，则四时相反，怎能成岁？

商周时代，历法未密，闰月都在岁末。秦代以十月为岁首，所以闰月称为后九月。汉初还沿用秦旧法，直到汉武帝太初元年改历以后，才改为以无中气的月份为闰月。为什么要以无中气的月份为闰月呢？由于阴、阳历的矛盾，节气常常落在月份的后面。中气本该在月之十六日，逐渐移到晦日（二十九日或三十日）。这是阴、阳历矛盾到了极点的时候，所以要在这里安置一个闰月。闰月的节气在月之十五日，那么这个节后面的中气应在下月朔日，所以说“闰月无中气”。①

① 这是一般的情况，闰月也可能有中气，那是例外。

九、岁差

由于太阳和月亮的引力对于地球赤道的作用，使地轴在黄道轴的周围作圆锥形的运动，慢慢地向西移动，使春分点以每年约五十秒的速度向西移行①，这种现象叫岁差。

首先发现岁差的是晋代天文家虞喜，后来南朝宋何承天、南齐祖冲之、隋刘焯、唐僧一行沿用其法，而更加精密。

古人发现岁差，是由于观测到节气的日躔和中星随时代而不同。《尚书·尧典》说："日短星昴，以正仲冬。"《礼记·月令》说："仲冬之月，昏东壁中。"是谁对呢？两种说法都对。因为《尧典》讲的是殷末周初的历法。《月令》讲的是周代的历法。相距数百年，冬至的中星自然不同了。据《协纪辨方书》，清代冬至的中星又移到危宿。这都证明了岁差。殷时春分日躔在昴，清代春分日躔在室，相距三千多年，日躔变化自然也很大。

懂得岁差，对阅读古书帮助很大。《尚书·尧典》说："日中星鸟，以殷仲春；日永星火，以正仲夏；宵中星

① 周天三百六十度，每度六十分，每分六十秒。

虚，以殷仲秋；日短星昴，以正仲冬。”伪孔传的作者不懂岁差，只能含糊地解释说：“鸟，南方朱雀七宿，春分之昏，鸟星毕见；火，苍龙之中星，举中则七星见可知；虚，玄武之中星，亦言七星皆以秋分日见；昴，白虎之中星，亦以七星并见。”孔颖达沿用这种错误的解释。惟有马融、郑玄认为“春分之昏七星中，仲夏之昏心星中，秋分之昏虚星中，冬至之昏昴星中”，才是得其正解。宋蔡沈《书集传》引用唐僧一行的岁差说，证明尧时以鹑火为春分昏之中星，大火为夏至昏之中星，虚宿为秋分昏之中星，昴宿为冬至昏之中星。科学进步，解决了古书中的一些疑难问题。

《夏小正》所讲的中星，和《尧典》所讲的中星相似。有人根据《夏小正》和《尧典》所讲的中星去解释《诗经》的中星，则陷于错误。《诗经·豳风·七月》：“七月流火，九月授衣。”有人解释说：“火，或称大火，星名，即心宿。每年夏历五月，黄昏时候，这星当正南方，也就是正中和最高的位置。过了六月就偏西向下了，这就叫作流。”这是根据《夏小正》和《尧典》来解释的。《夏小正》说：“五月初昏大火中。”《尧典》说：“日永星火，以正仲夏。”但这种解释是错误的，因为周代的中星已经不再是夏代的中星了。戴震说：“据周时季夏昏火中，故孟秋之月初昏已过中，但见其西流耳。若《尧典》之‘日永星火，以正仲夏’，《夏小正》之‘五月初昏大火中’，则流火自六月矣。此虞夏至周，岁差不同也。”（见《诗补传》）

中国天文学家发现岁差，比西洋为早，这是中国古代灿烂文化之一证。我们研究古代汉语，同时要研究古代历法；而研究古代历法，同时要研究天文。这是对研究古代汉语的人较高的要求。

（载《文献》1980年第1期）

文言的学习

文言和语体是对立的，然而一般人对于二者之间的界限常常分不清。普通对于语体的解释是依照白话写下来的文章，反过来说，凡不依照白话写下来的，就是文言。这种含糊的解释就是文言和语体界限分不清的原因。所谓“白话”，如果是指一般民众的口语而言，现在书报上的“白话文”十分之九是名不副实的，所以有人把它叫作“新文言”。如果以白不白为语体文言的标准，“新文言”这个名词是恰当的。但是，现在书报上又有所谓文言文，它和语体文同样是和一般民众的口语不合的。那么，文言和语体又有什么分别呢？原来这种文言文就是把若干代词和虚词改为古代的形式，例如“他们”改为“彼等”，“的”改为“之”，等等。它和语体文的分别确是很微小的。如果语体文可称为“新文言”的话，这种文言文可称为“变质的新文言”，或“之乎者也式的新文言”。

这种“变质的新文言”如果写得很好，可以比白话文简洁些。有人拿它来比宋人的语录。在简洁一点上，它们是相似的。但是，宋人的语录是古代词汇之中杂着当时的词汇，语法方面差不多完全是当时的形式。现在那些“变质的文言文”所包含的成分却复杂得多了，其中有古代的词汇，有现在口语的词汇，有欧化的词汇；有古代的语法，有现代口语的语法，有欧化的语法。总算起来，欧化的成分最多，现代口语的成分次之，古代的词汇又次之，古代的语法最少。由此看来，现在一般所谓文言文并不是民国初年所谓文言文，后者是严复林纾一派的文章，是由古文学来的，前者却是纯然现代化的产品，古文的味儿几乎等于零了。

现在一般人所谓文言文，既可称为“变质的文言文”，又可称为“变质的语体文”“白话化的文言”“文言化的白话”等等。这些都可以说明，它和语体文是没有界限可言的。但是，我们所谓文言却和现在一般人所谓文言不同，它是纯然依照古代的词汇、语法、风格和声律写下来的，不杂着一点儿现代的成分。若依我们的定义，文言和语体就大有分别了。语体文是现代人说的现代话，心里怎样想，笔下就怎样写。有时候某一些人所写的话超出了一般民众口语的范围，这是因为他们的现代知识比一般民众的高，他们的“话”实在没有法子迁就一般民众的“话”，然而他们并没有歪曲他们的“话”，去模仿另一个时代的人的文章。文言文却不是这样。作者必须把自己的脑筋暂时变为古人的脑筋，学习古人运用思想的方式。思想能像十九世纪中国人的思想就够了，至于词汇、语法、风格和声律四方面，却最好是回到唐宋或两汉以前，因为文言文是以古雅为尚的。必须是这样的文言，才和语体有根本的差异。我们必须对于文言给予这样的定义，然后这一篇文章才有了立论的根据。

说到这里，读者应该明白我们为什么向来不主张一般青年们用文言文写作了。我们并不排斥那种“白话化的文言”。我们只以为它和普通的语体文的性质相似到那种地步，语体文写得好的人也就会写它，用不着一本正经地去学习。至于我们所谓文言，纯然古文味儿的，却不是时下的一般青年所能写出来。科举时代，读书人费了十年或二十年的苦功，专门揣摩古文的“策法”，尚且有“不通”的。现代青年们脑子不是专装古文的了；英文、数学之类盘踞了脑子的大部分，只剩下一个小角落给国文，语体还弄不好，何况文言？中学里的国文教员如果教学生写两篇“白话化”的文言文，我们还不置可否，如果教他们正经地揣摩起古文来，我们就认为是误人子弟。因为学不好固然是贻笑大方，学好了也就是作茧自缚。文章越像古文，就越不像现代的话。身为现代的人而不能说现代的话，多难受！况且在学习古文的时候不知不觉地学会了古人运用思想的方式，于是空疏、浮夸、不逻辑，种种古人易犯的毛病都来了。所以即使学得到了三苏的地步，仍旧是得不偿失。

什么时候可以学习文言呢？我们说是进了大学之后。什么人可以学习文言呢？我们说是中国语言文学系的学生。研究中国语言史的人，对于古代语言，不能不从古书中寻找它的形式；研究中国文学史的人，更不能不研究历代的文学作品。语史学家对于古文，要能分析；文学史家对于古文，要能欣赏。然而若非设身处地，做一个过来人，则所谓分析未必正确，所谓欣赏也未必到家。甲骨文的研究者没有一个不会写甲骨文的，而且多数写得很好。他们并非想要拿甲骨文来应用，只是希望写熟了，研究甲骨文的时候可以得到若干启发。语言史和文学史的研究者也应该明白这个道理，如果你对于文言的写作是个门外汉，你并不算是了解古代的语言和文学——至少是了解得不彻底。

但是，模仿古人，真是谈何容易！严格地说起来，自古至今没有一个人成功过。拟古乃是一种违反自然的事情。自己的口语如此，而笔下偏要如彼，一个不留神，就会露出马脚来。姚鼐、曾国藩之流，总算是一心揣摩古文了，咱们如果肯在他们的文章里吹毛求疵，还可以找出若干欠古的地方。至于一般不以古文著名的文人，就更常常以今为古了，例如《三国演义》里所记载的刘备给诸葛亮的一封信：

备久慕高名，两次晋谒。不遇空回，惆怅何似？窃念备汉朝苗裔，滥叨名爵。伏睹朝廷陵替，纲纪崩摧；群雄乱国，恶党欺君。备心胆俱裂！虽有匡济之诚，实乏经纶之策。仰望先生仁慈忠义，慨然展吕望之大才，施子房之鸿略。天下幸甚。社稷幸甚。先此布达，再容斋戒薰沐，特拜尊颜，面倾鄙悃，统希鉴原。

如果现代的人能写这样一封文言的信，该算是很好的了。但是，汉末的时代却绝对不会有这样的文章。“先此布达”“统希鉴原”一类的话是最近代的书信客套，不会早到宋代。至于排偶平仄，整齐到这种地步，也不会早到南北朝以前。单就词汇而论，也有许多字义不是汉代所有的。现在试举出几个显而易见的例子来说：

1.“两次晋谒”的“两次”，汉代以前只称为“再”。《左传·文公十五年》：“诸侯五年再相朝”，就是“五年相朝两次”的意思。《谷梁传·隐公九年》：“八日之间再有大变”，也就是“八日之间有两次大变”的意思。中古以前，行为的称数法不用单位名词（如“次”字之类），这里是词汇和语法都不合。

2.“不遇空回”的“回”，汉代以前只叫“反”。《论语》“吾自卫反鲁”，《孟子》“则必餍酒肉而后反”，都是“回”的意思。汉代以前的“回”只能有“迂回”“潆洄”“邪”“违”一类的意思。

3.“滥叨名爵”的“叨”，“再容斋戒薰沐”的“再”，“特拜尊颜”的“特”，等等，也都是当时所没有的词汇。

依古文家的理论看来，这一封信的本身也不是最好的文章，因为它的格调不高。所谓格调不高者，也就是词汇、语法、风格、声律四方面都和两汉以前的文章不相符合的缘故。

咱们现在模仿清代以前的古文，恰像罗贯中模仿汉末或三国时代的古文一样的困难。虽然咱们距离清代比罗氏距离三国近些，但是，这几十年来，语文的变迁竟敌得过四五个世纪而有余。自从白话和欧化两种形式侵进了现代文章之后，咱们实在很难辨认它和海通以前的正派文章有多少不同之点。然而咱们必须先能辨认文言文的特质，然后才能进一步学习文言文。现在我们试按照上面所说的词汇、语法、风格、声律四方面，谈一谈文言文的特质和学习文言文的方法。

（一）词汇——词汇自然是越古越好。因此，每写一句文言之前，须得先做一番翻译的功夫。譬如要说“回”，就写作“返”（或“反”）；要说“走”，就写作“行”；要说“离开”，就写作“去”；要说“住下”，就写作“留”；要说“甜”，就写作“甘”；要说“阔”，就写作“广”；要说“才”（“你这个时候才来”），就写作“始”；要说“再”（“说了三次他不肯，我不想再说了”），就写作“复”。其间有些是可以过得去的，例如以“回”代“返”，以“甜”代“甘”，以“阔”代“广”，虽然欠古，却还成文；有些是清代以前认为绝对不行的，例如以“走”代“行”，以“离开”代“去”，以“住下”代“留”，以“才”代“始”，以“再”代“复”，等等，简直是不文。

词汇虽然越古越好。却也要是历代沿用下来的字。有些字的古义未有定论，或虽大家承认上古时代有这个意义，而后世并没有沿用者，咱们还是不用的好。例如《诗·小雅·頍弁》篇“尔殽既时”，《毛传》说：“时，善也。”后世并未沿用这个字义，咱们也就不能写出“其言甚时”或“其法不时”一类的话。

一般人对于文言的词汇有一种很大的误会：他们认为越和

咱们的口语相反的字越古。其实有些字的寿命很长，可以历数千年而不衰；有些字的寿命很短，只有几百年或几十年存在于人们的口语里。例如“哭”字和“泣”字都是先秦就有了的；现代白话里有“哭”字没有“泣”字，咱们不能因此就认为后者比前者古雅。又如“里”字，很像是现代白话里专有的字，然而《诗·邶风》已有“绿衣黄里”，《左传·僖公二十八年》又有“表里山河”，前者是指衣裳的里子，后者已经引申为“内”的意义。至于像唐李邕《麓山寺碑》的“月窥窗里”，简直和现代白话的“里”字是完全一样的意义了。相反的情况例如“憨”字，它虽然对于一般人是那样陌生，但它却是南北朝以后的俗语，用于诗词则可，用于散文则嫌不够古雅。又如“偌”字，当“如此”或“如彼”讲。“偌”字对于一般人，当然比“如此”或“如彼”要陌生得多；然而“偌多”“偌大”并不比“如彼其多”“如彼其大”更古雅。相反地，后者比前者古雅得多了，因为《孟子》说过：“管仲得君，如彼其长也；行乎国政，如彼其久也；功烈，如彼其卑也。”其中正作“如彼”；而“偌”字非但不见于古书，而且不见于现代正派的文章。由此类推，写文言文的时候，与其说“尪”，不如说“弱”；与其说“慵”，不如说“嬾”（懒）；与其说“夥”，不如说“多”；与其说“叵”，不如说“不可”；与其说“棘手”，不如说“难为”。案牍上的词汇，向来是被古文家轻视的，因此，“该生”“该校”“殊属非是”“即行裁撤”之类，用于公文则可，用于仿古的文言文则适足以见文品之卑。所以咱们不能因它们违反白话就认为是最古雅的词句。

典故也往往是和现代口语违异的，但也不一定可称为最古雅的话。咱们试想：典故是根据古人的话造出来的，上古的人得书甚难，怎么能有许多典故？到了汉代的文人，才偶然以经书的典故入文，然而汉赋中也只着重在描写景物，不着重在堆砌典故。堆砌典故盛于南北朝，初唐还有这种风气。自从韩愈柳宗元以后，古文家又回到两汉以前那种不以典故为尚的风气了。咱们现在学习文言，除了特意模仿骈体之外，最好是避免堆砌典故。因此，说“龙泉”不如说“宝剑”，说“钟期”不如说“知己”，说“弄璋”不如说“生子”，说“鼓盆”不如说“丧妻”。因为典故的流行远在常语之后。例如“生子”二字见于《诗·大雅·生民》篇（“不康禋祀，居然生子”），而“弄璋”用为“生子”的意义恐怕是最近代的事。至于“玉楼赴召”“驾返瑶池”一类的滥套，连骈体文中也以不用为高，普通的文言更不必说了。

方言的歧异也往往被认为古今的不同。自从北平的方言被采用为国语之后，有些人对于自己的方言竟存着“自惭形秽”的心理，以国语为雅言，以自己的方言为俚语。其实，如果以古为雅的话，国语并不见得比各地的方言更雅。北平话和多数官话都叫“头”作“脑袋”，叫“颈”作“脖子”，显然地，“脑袋”和“脖子”是俚语，“头”和“颈”是雅言。这是大家都知道的。但是，像广东人称“大小”为“大细”，似乎是俚语，官话和吴语以“细”为“粗”之反，似乎才是雅言。这种地方就容易令人迷惑了。实际上，“细”和“小”在古代一般地是“大”之反，所以老子说：“图难于其易，为大于其细。”《韩非子·说难》：“与之论大人，则以为间己矣；与之论细人，则以为卖重。”《汉书·匈奴传》：“朕与单于皆捐细故，俱蹈大道也。”在某一些情况之下，“细”比“小”还要妥些，例如粤语谓小的声音为“细声”，古代对于声音的小正称为“细”，不大看见叫作“小”。至于“细”，当“粗细”讲，来源也很早，例如“细腰”“细柳”之类，但是这种“细”字只是“长而小”的意思。现在官话和吴语谓不精致为“粗”，精致为“细”，却是古语所没有的。这一个例子可以说明，每一个方言里都有合于古语的词汇，咱们非但不必努力避免现代口语，而且不必避免方言。一切都应该以语言的历史为标准。

相传唐代诗人刘禹锡要作一首重阳诗，想用“糕”字，忽然想起五经中没有这个字，就此搁笔。宋子京作诗嘲笑他道：“刘郎不敢题糕字，虚负诗中一世豪。”其实，古代文人像刘禹锡的很多。因为大家受了“不敢题糕”的约束，数千年来的文言文里的词汇才能保持着相当的统一性。假使每一个时代的每一个文人都毫无顾忌地运用当时口语和自己的方言，那么，写下来的文章必然地比现在咱们所能看见的难懂好几倍。但是，古人都并非因为希望后人易懂而甘心受那不敢题“糕”的约束，他们只是仰慕圣贤，于是以经史子集的词汇为雅言。“古”和“雅”，在历代的文人看来，是有连带关系的。咱们如果要学习文言，得先遵守这第一个规律。

（二）语法——古代的语法，比古代的词汇更不容易看得出来。现代书报中的“文言文”，较好的也往往只能套取古代的若干词汇，而完全忽略了古代的语法。关于后者，可以写得成一部很厚的书，我们并不想在这里做详细的讨论。只提出几点重要的来说：

第一，中国上古没有系词“是”字；而“为”字也不是纯粹的系词（例证见于拙著《中国文法中的系词》）。古代只说“孔子，鲁人”或“孔子，鲁人也”；非但不说“孔子是鲁人”，而且通常也不说“孔子为鲁人”。这种规矩，在六朝以后渐被打破，到韩愈一班人提倡古文，大家却又遵守起来。例如苏轼《贾谊论》：“惜乎！贾生王者之佐，而不能自用其才也。”“贾生”和“王者之佐”的中间并没有“是”或“为”。

第二，中国上古没有使成式。所谓使成式，就是“做好”“弄坏”“打死”“救活”之类。“做好”，古谓之“成”（《诗·大雅》：“经始灵台，经之营之，庶民攻之，不日成之。”）；“弄坏”，古谓之“毁”（《左传·襄公十七年》：“饮马于重丘，毁其瓶。”）；“打死”，古谓之“杀”（《孟子·梁惠王》：“杀人以梃与刃，有以异乎？”）；“救活”，古谓之“活”（《庄子·外物》：“君岂有升斗之水而活我哉？”）。由此类推，咱们写文言文的时候，要说“想起”，只能说“忆”或“念”；要说“赶走”，只能说“驱”；要说“躲开”，只能说“避”。有时候，形容词或不及物动词可以当使动词用。例如《论语·述而》：“人洁已以进。”“洁”等于“弄干净”；《论语·宪问》：“夫子欲寡其过而未能也。”“寡”等于“减少”；《左传·宣公十五年》：“华元登子反之床，起之。”“起”等于“叫起”或“拉起”；《史记·晋世家》：“齐女乃与赵衰等谋醉重耳。”“醉”等于“灌醉”；《史记·卫青传》：“走白羊楼烦王。”“走”等于“赶走”或“打退”；《汉书·朱买臣传》：“买臣深怨，常欲死之。”“死”等于“害死”。由此类推，咱们要说“推翻”，只能说“倾覆”；要说“攻破（城池）”，只能说“隳”。使成式大约在唐代以前已经有了，唐诗里有“打起黄莺儿”的话。但是，后代只在诗词中有它，散文中非常罕见。俚语可以入诗词，却不可以入散文。使成式不过是其中之一例而已。

第三，中国上古没有处置式。所谓处置式，就是“将其歼灭”，“把他骂了一顿”之类。这种语法在唐诗里已有了，例如李群玉诗：“未把彩毫还郭璞。”方干诗：“应把清风遗子孙。”但是，它也像使成式一样，一般地只能入诗，不能入文。一般人以为“将”字比“把”字较古，其实即在唐诗里，“将”和“把”的用途也并不一样。“将”是“拿”的意思（国语里，“拿”和“把”也不一样，细看《红楼梦》便知），动词后面有直接目的语。例如刘禹锡的诗：“还将大笔注春秋。”王建诗：“惟将直气折王侯。”上面所引的“把彩毫还郭璞”可以倒过来说成“还彩毫于郭璞”，而“将大笔注春秋”不可以倒过来说成：“注大笔于春秋。”近人的“将”字用于处置式，可说是一种谬误的仿古，“将其歼灭”一类的句子是极“不文”的。

第四，中国古代的人称代词没有单复数的分别。《左传·成公二年》：“鲁卫谏曰：‘齐疾我矣！其死亡者，皆亲昵也。子若不许，仇我必甚。’”这里的“我”是鲁卫自称，并未称为“我等”。《论语·公冶长》：“颜渊季路侍，子曰：‘盍各言尔志？’”这里的“尔”是指颜渊季路，并未称为“汝等”。《孟子·滕文公》：“梓匠轮舆，其志将以求食也。”“其志”也未说成“彼等之志”。关于这一点，我们在《中国文法学初探》和《中国语文概论》里有更详细的讨论。

第五，中国古代有用“之”字把句子形式变为名词性仂语的办法。例如《左传·成公三年》：“臣之不敢受死，为两君之在此堂也。”若改为“臣不敢受死，为两君在此堂也”，就完全不是古文的味儿，前者是用“之”字把连系式（句子）转成组合式（仂语），语气紧凑得多。这种语法一直沿用到后代的古文里。例如王安石《读孟尝君列传》：“鸡鸣狗盗之出其门，此士之所以不至也。”若改为“鸡鸣狗盗出于其门，故士不至也”。也就变得无力了。

古今语法的异点，决不止这五条。例如上文所说的，古人称数不用单位名词（“两次”只谓之“再”），就不在这五条之内。较详细的讨论见于拙著《中国语法理论》里。

（三）风格——所谓风格，用极浅的话来解释，就是文章的“派头”。同一的意思可以有两种以上的说法。你喜欢那样说，我喜欢这样说，这是个人的风格。古人喜欢那样说，今人喜欢这样说，这是时代的风格。西洋人喜欢那样说，中国人喜欢这样说，这是民族的风格。中国人的文章向来只有个人的风格和时代的风格。民族的风格在最近几十年才成为问题，因为文章欧化了，风格也就不是中国话的本来样子了。

中国人学习古文，有以学习个人的风格著名的，例如某人学韩愈，某人学柳宗元，有以学习时代的风格著名的，例如某人学六朝文（“选体”），某人学唐宋文。我们并不愿意批评各种风格的优劣；我们只想要指出，所谓文言文必须具备古代文章的风格，而不能依照现代白话的风格。从前的人学习古文，虽也不知不觉地露出当时白话的风格，但是，因为着意学习古文的缘故，总不至于远离古人的绳墨。现在的情形却不同了；语体文在社会上的势力是那样的大，它又是那样的时髦，多数写文言文的人又都是“半路出家”，并非“童而习之”，自然容易把现代白话的风格用于文言文的上头。再加上欧化的风格，就把文言文原有的风格剥夺净尽了。

风格是很难捉摸的东西，然而向来所谓揣摹古文，却多半是希望得到它的风格。古人所谓“气韵”，依我们看来，也就是风格之一种。“气韵”虽难捉摸，而多数谈古文的人都觉得实在有这样的东西。例如说韩愈的文章是刚的美，柳宗元的文章是柔的美，多读韩柳文的人都会有这种感觉。这自然和修辞学有关。然而修辞学也不能和时代完全没有关系。例如有某种“气韵”是韩柳和唐代文人所同具，而现代一般的文章所没有的。

古人所谓“谋篇”“布局”“炼句”之类，大致也是属于风格方面的事。不过，咱们现在研究古文，不应该再拿批评的眼光去看古人的“谋篇”“布局”“炼句”，只应该拿历史的眼光去观察它们。咱们应该留心观察古人的“谋篇”“布局”“炼句”和现代文章有什么差异之点，哪一种篇法或句法是古所常有而今所罕见的，又哪一种是古所罕见而今所常有的。古所常有的篇法和句法，咱们在文言文里就用得着它，古所罕见的，咱们在文言文里就应该避免。

我们虽说风格是不易捉摸的，然而也不能不举出若干实例来，使读者得出一些具体的观念。在句子的形式上，咱们也大概地看得出古今风格的异同。例如关于假设的问题，上古的人喜欢用处所的观念来表示。《论语·子罕》：“有美玉于斯，韫匵而藏诸？求善贾而沽诸？”《孟子·梁惠王》：“今有璞玉于此，虽万镒，必使玉人雕琢之。”又《滕文公》：“有楚大夫于此，欲其子之齐语也，则使齐人傅诸？使楚人傅诸？”可见“于斯”“于此”乃是一种表示假设的话，而“假令”“设如”一类的字样倒反没有。现代欧化的文言，在这种地方该是：“假使子有一美玉……”“假使王有一璞玉……”“假设有一楚大夫，欲其子习齐语……”之类，意思是一样的，而风格却完全不同了。

文章的繁简也和文章的风格有关。今人以为应该简的地方，古人不一定以为应该简。反过来说，今人以为应该繁的地方，古人也不一定以为应该繁。韩愈《原道》里说：“其所谓道，道其所道，非吾所谓道也；其所谓德，德其所德，非吾所谓德也。”若依现代的风格，可省为：“其所谓道德，非吾所谓道德也。”柳宗元《封建论》里说：“天地果无初乎？吾不得而知之也。生人果有初乎？吾不得而知之也。”若依现代的风格，也可以省为：“天地与生人之有初与否，吾不得而知之也。”但是，古人以为这种地方若不拉长作为排句，则文气不畅。相反的情形却不是没有，《左传·僖公九年》：“夷吾弱不好弄。”若依现代的风格，该说成：“夷吾年幼之时不喜游戏。”《孟子·滕文公》：“滕文公为世子，将之楚，过宋而见孟子。”若依现代的风格，该说成：“滕文公为世子时，将之楚……”此外，古代文章里的主语尽量省略，现代欧化的文章几乎没有一句缺少主语的话，这又是语法和风格两方面都不同了。

风格和思想也有关系。现代的人经过了逻辑的训练，说话总希望有分寸，没有漏洞。譬如要提防人家找出少数的例外来批驳我的理论，我就先加上一句："就一般情形而论。"又如要说明某一真理必须是有所待而然，我就添上句："在某一些条件之下。"中国古代的人并未这样运用思想，自然说话也用不着这种方式。但是，这也并不足以证明古人比今人糊涂。古文里有许多话，在明眼人看来自然暗藏着"就一般情形而论"或"在某一些条件之下"的意思，所以古人教咱们"不以辞害意"。不过，古人在这种地方是"意会"的，今人在这种地方是"言传"的。"意会"和"言传"也就是风格的不同。

明白了这些道理，咱们就知道把语体译为文言是非常困难的事。严格地说，除了词汇和语法之外，风格也应该翻译。因此，逐字逐句地翻译只能译成"变质的新文言"；真正要译成一种有古文味的文言文，非把语体文的风格彻底改造不可。

（四）声律——这里所谓声律，大致是指声调和节奏。古人对于文章，讲究朗诵。梁任公先生常说："念古文非摇头摆尾不可。"因为念到声韵铿锵之处，常常忍不住手舞足蹈的。古人所谓"掷地当作金石声"，虽不完全指声律而言，然而文章之美者必包含着声律之美，这是古文家所公认的。骈体文讲究平仄和对仗，固然离不了声韵；就是普通的散文，也或多或少地含有声律在内。上古时代距离咱们太远了，上古文章的声律颇难捉摸。唐宋以后，散文受近体诗的影响，其中的声律显然可知，现在姑且举王安石的《读孟尝君列传》为例：

> 世皆称孟尝君能得士，士以故归之，而卒赖其力，以脱于虎豹之秦。嗟乎！孟尝君特鸡鸣狗盗之雄耳，岂足以言得士？不然，擅齐之强，得一士焉，宜可以南面而制秦，尚取鸡鸣狗盗之力哉？鸡鸣狗盗之出其门，此士之所以不至也。

首先咱们应该注意到节奏问题。节奏往往是和意义有关系的，例如“世皆称”为一顿，“孟尝君”为一顿，“能得士”为一顿。但是，有时候由于一个字难于成节，就连下文为一节，例如“士以故”可为一顿，“特鸡鸣”可为一顿，这是意义和节奏不尽一致的地方。煞句的语气词虽只一字，也能自成一节。例如这里的“耳”“哉”和“也”都应该把声音拉得很长，并且不妨和上面的“雄”“力”“至”距离得相当的远。这样，才显得文气是畅的。写文言文的人，做好了文章，先自朗读几遍，然后有些地方再添上一个“之”字，有些地方再添上一个语气词，无非为了节奏谐和的缘故。句读的长短也是有斟酌的。例如“以脱于虎豹之秦”，若改为“以免于难”，就太短了，支持不住上面的一段话。句读的长短，要看全篇的气势而定。譬如全篇用长句，突然用四字的句子一收，就嫌短。若篇中以四言为主，则长句结束反不相宜。这些全凭体会出来，不能十分拘泥的。

其次，咱们应该注意到声调的问题。散文的声调只有平仄的关系。普通最好是每一个节奏的平仄能够替换，换句话说就是，上一节用仄，则下一节用平；上一节用平，则下一节用仄。例如“鸡鸣狗盗之出其门”，“鸡鸣”是平平，“狗盗”是仄仄，“之出”是平仄，“其门”是平平。这里的声调共有两个对偶，“鸡鸣”是平起，“狗盗”是仄收；下一对如果仍用平起就没有变化了，所以“之出”是仄起，“其门”是平收。煞句的字的平仄也最好是能有变化。例如第一句（指古人所谓“句”）用“士”字收仄声，第二句用“之”字收平声，第三句用“力”字收仄声；第四句用“秦”字收平声。第五句“嗟乎”是感叹语，不算。第六句“雄”字平声应该拉长，和第七句“士”字仄声相应。第七、八、九、十，四句都用平声收，是让文气一直紧下去，到了“力”字仄声应该拉长，和那些平声相应，然后用“哉”字煞句。第十一句的“门”字平声，也是和第十二句的“至”字仄声相应的。

在这里我们要声明一句：我们所讲的这一篇古文的声律未必都是当时作者着意安排的。但是，当时韵文的声律深入人心，能使散文的作者不知不觉地受了它的影响。意义和声律比起来，自然当以意义为重；咱们不能牺牲了意义来迁就声律。近体诗中还有所谓“拗句”（平仄不依常格者），咱们在散文里更不应该做声律的奴隶。例如《读孟尝君列传》里，“卒赖其力”的“赖”，“岂足以言”的“以”，“南面而制秦”的“制”，“所以不至”的“以”，如果都改为平声字，朗诵起来就更顺口些，然而王安石并没有这样做，因为没有相当的平声字去替代它们。不恰当的替代倒反把文章的意义弄歪了，或把句子弄得太生硬了。

由此看来，声律在文言文中的地位，并没有词汇、语法和风格那样重要。有些人喜欢“古拙”的文章，倒反把拘泥于声律的作品认为格调卑下。所以讲究平仄的事必须和某一些较近代的风格相配合，不然，反而成为一种文病了。

我们虽然希望中学生不用文言文写作，但是，既然中学国文教科书里选录文言文，那么，就让他们知道文言文有这许多讲究，自然不敢轻易尝试。据我们评阅大学新生国文试卷的经验，语体文还是好的，文言文则几乎没有一篇可以够得“通顺”二字。因此，我们奉劝一般青年，除非万不得已，否则还是不写文言文的好。

即使是有心学习文言的人，也不应该仅仅以分析古文的词汇、语法、风格、声律为能事。必须多读古文，最好是能熟读几十篇佳作，涵咏其中。这样做去，即使不会分析古文的词汇、语法等等，下笔自然皆中绳墨。语言学家调查某地的方言，极尽分析的能事；但是，假使一个七岁的小孩，让他在那个地方住上半年，他所说当地的方言，无论语音、语法、词汇各方面，其纯熟正确的程度一定远胜于语言学家。同理，学习文言的最好的方法就是凭着天真与古人游，等到古人的话在你的脑子里能像你自己的方言一般地不召自至的时候，自然水到渠成。大匠诲人以规矩，不能使人巧；我们以上这许多话，即使没有错误，也不过是一些“规矩”而已。

（载《国文月刊》13期，1942年）

漫谈古汉语的语音、语法和词汇[①]

我今天讲的题目是“漫谈古汉语的语音、语法和词汇”。所谓“漫谈”，就是随便谈一谈。

我们学习和研究古汉语的目的，主要是为了培养学生阅读古书的能力，并不是为了教大家写文言文。那么，怎样培养阅读古书的能力呢？我经常说，要建立历史观点。什么叫历史观点呢？就是利用历史发展的观点研究古汉语的语音、语法和词汇。现代汉语是从古代汉语发展来的，现代汉语和古代汉语在语音、语法和词汇方面有些是相同的，有些是不同的。因此，我们研究古代汉语就要知道，什么是古代汉语有而现代汉语没有的，什么是现代汉语有而古代汉语没有的，不能把时代搞错了。不同的时代，语音、语法和词汇三方面都有很多不同。下

① 这是作者在苏州铁道师范学院的讲演。

边分三方面来讲。

首先讲语音问题。古代汉语语音，跟现代汉语语音有很多不同，就是上古时代的语音跟中古时代的语音也有很多不一样的地方。这就是说语音不是一成不变的，而是在不断发展变化着。但是语音的发展变化不是杂乱无章的，而是很有系统地很有规律地发展变化着。我们研究古代汉语就要知道些古音知识。这样，古代汉语中的有些问题才容易理解。我们不要求照古音来读古书，那样做，一是不容易，二是没必要。我们只要求知道古代读音与现代读音不同，比如有些诗歌，现在念起来很不顺口，不押韵，但用古音来念就押韵，就很顺口。所以我们学习和研究古代汉语，要有一些古音的知识。今天我们不谈上古的语音，只谈中古的语音，也就是唐宋时代的语音，或唐诗宋词的读音。我举两首诗来说明这个问题，这两首诗都是大家熟悉的，一首是杜牧的《山行》：

远上寒山石径斜，
白云生处有人家。
停车坐爱枫林晚，
霜叶红于二月花。

如果用现代普通话来念，“家”“花”可以押韵，“斜”和“家”“花”就不押韵了，而它是平声字，应该是入韵的。是不是杜牧作诗出了错误呢？不是的。这是因为现代读音跟唐宋时代的读音不一样了，语音发展了。我们有些方言，读起来就很押韵。比如苏州话，“斜”音〔zia〕，就可以和“家”“花”押韵了。这说明苏州话“斜”的读音接近唐宋时代的读音。另外一首是宋人范成大的《田园四时杂兴》之一：

昼出耘田夜绩麻，
村庄儿女各当家。
童孙未解供耕织，
也傍桑阴学种瓜。

照北京话来念，“麻、家、瓜”是押韵的，这说明这几个字北京话的读音比较接近唐宋时代的音。如果用苏州话来念，“麻”和“瓜”还是押韵的，“家”和“麻”“瓜”就不押韵了。北京人念杜牧那首诗，“斜”与“家”“花”不押韵，苏州人念这首诗“家”与“麻”不押韵，可见要读懂唐宋诗词，需要有些古音的知识。如果懂得了平水韵，懂得了唐宋古音，就不会有不押韵的感觉了。还有一个平仄问题，写诗要讲究平仄，所谓“平”，就是平声，所谓“仄”，就是上、去、入三声，苏州话有入声字，北京话没有入声字。古代的入声字，在现代北京话中分派到阴平、阳平、上声、去声中去了。这样，北京人遇到在古代读入声而现在读阴平、阳平的字，就不易分辨了。比如刚才范成大那首诗中“童孙未解供耕织”的“织”，北京话读阴平，这就不对了，这句诗应该是平平仄仄平平仄，“织”字所在的位置不应该用平声字，所以北京话“织”字读阴平就与古音不合了，“织”字在古代是个入声字，这样就合平仄了。所以说，我们应该懂一些古音的知识。当然，要透彻地了解古音，是不容易的，但是学习古代汉语总要有一些古音的基本知识。

其次讲语法问题。古今语音变化很大，语法的变化就小得多。因此，古代的语法，也比较好懂。但是，也有困难的地方。有些语法现象好像古今是一样的，其实不一样。我常对我的研究生说，研究古代语法，不能用翻译的方法去研究，不能先把它翻译成现代汉语，再根据你翻译的现代汉语去确定古代汉语的结构。我们不能用翻译的方法去研究古代汉语语法，就跟不能用翻译的方法去研究外语语法一样。用翻译的方法去研究古代汉语是很危险，很容易产生错误的。因此，这种研究方法是一种错误的研究方法。现代汉语有所谓包孕句，上古汉语没有这种包孕句，而上古汉语有一种“之”字句，即在主语和谓语之间有一个“之”字，如：

不患人之不己知，患不知人也。（《论语·学而》）

“人之不己知”不是包孕句中的子句，而是名词性词组，它们所在的句子也不是复句式的包孕句，而是一个简单句。如果把它翻译成现代汉语，“之”字不翻出来很顺畅，“不怕人家不了解自己”；如果“之”字翻译成“的”字，“不怕人家的不了解自己”，就很别扭。这就说明，在上古汉语中，这个“之”字必须有，有这个“之”字句子才通，没有这个“之”字就不成话，而现代汉语中，没有那个“的”字才通畅，有了那个“的”字，就不通了。这就是古今汉语语法不同的地方。

这种“之”字，《马氏文通》里没有提到，后来好像很多语法书也不怎么提。我在《汉语史稿》中特别有一章，叫作“句子的仂语化”。“仂语”就是我们现在叫的“词组”。所谓仂语化，就是说，本来是一个句子，有主语，有谓语，现在插进去一个“之”字，它就不是一个句子了，而是一个词组了。后来南开大学有一本教材，大概是马汉麟编的，称这种结构叫“取消句子的独立性”。这就是说，它本来是一个句子，现在插进了一个“之”字，就取消了它的独立性，就不是一个独立的句子形式了。叫“句子的仂语化”也好，叫“取消句子的独立性”也好，都有一个前提，就是承认它本来是一个句子，后来加“之”字以后，被“化”为仂语了，被“取消”独立性了。这种说法对不对呢？最近我重写汉语史，写到语法史的时候，碰到了这个问题，重新考虑了这个问题，感到从前的说法是片面的，甚至是不对的。为什么不对呢？因为这种“之”字句在上古汉语中是最正常的最合乎规律的。这种“之”字，不是后加上去的，是本来就有的，没有这个“之”字，话就不通，那怎么能叫“仂语化”呢？不是“化”来的嘛，也不是“取消句子的独立性”。所以那么叫，是因为先把它翻译成现代汉语了，在现代汉语中那个“的”字是不必要的，于是就以为古代汉语的那种“之”字也是加上去而使它成为一个词组的。这种“之”字结构，就是一个名词性词组，这种“之”字的作用，就是标志着这种结构是一个名词性词组。这种“之”字结构可以用作主语、宾语、关系语和判断语，下边我举几个例子：

民之望之，若大旱之望雨也。（《孟子·滕文公下》）

纣之去武丁未久也。（《孟子·公孙丑上》）

知虞公之不可谏。（《孟子·万章上》）

君子之至于斯也，吾未尝不得见也。（《论语·八佾》）

第一个例子，“民之望之”做判断句的主语，“大旱之望雨”做判断句的判断语；第二个例子，“纣之去武丁”做描写句的主语；第三个例子，“虞公之不可谏”做叙述句的宾语；第四个例子，“君子之至于斯也”做关系语，表示时间。这里的“之”字都不能不要，不要这个“之”字就不合上古语法了。

与“之”字句起同样作用的是“其”字句。“其”字是代词，但这个代词总处于“领位”，因此，“其”字等于“名词 + 之”。有人用翻译的方法定“其”字就是现代汉语中的“他”字，这是错误的。古汉语中的“其”字，跟现代汉语中的“他”字在语法上有很多不同。“其”字永远不能做宾语，从古代汉语到现代汉语，都不能把“其”字当宾语用。我二十七岁要去法国，买了一本《法语入门》，这本书把法语的“jee´aime（我爱他）”翻译为“我爱其”，就非常错误。这本书的作者，法文程度很好，中文程度就很差了。“其”字能不能当主语呢？从前有些语法学家以为“其”字可以充当主语，这是一种误解。黎锦熙先生在《比较文法》中承认“其”字可以充当子句的主语，但他有一段很好的议论，他说：“马氏又分‘其’字用法为二：一在主次，二在偏次。实则‘其’字皆领位也。”“其”字不是只等于一个名词，而是等于“名词+之”，所以只能处于领位，不能处于主位。下边举几个例子来看。

例一，“其为人也孝弟，而好犯上者鲜矣。”（《论语·学而》）“其为人也孝弟”译成现代汉语是“他为人孝弟”，那么“其”字不等于主语了吗？刚才说了，这种翻译的研究方法，是一种错误的研究方法，古代汉语的“其”字不同于现代汉语的“他”字。这个句子的主语是“其为人”，谓语是“孝弟”。“其为人”等于“某之为人”，是一个名词性词组，这个名词性词组做主语，不是“其”字做主语。

例二，“孔子时其亡也而往拜之。”（《论语·阳货》）这句话的意思是孔子窥测阳货不在家的时候去拜访他。“其亡”是“阳货之亡”，是一个名词性词组，做动词“时”的宾语。

这种“其”字结构和“之”字结构有同样的作用，他们都是一个名词性词组。我在重新写的语法史里举了很多的例子，大家可以看。

有时候，“之”字和“其”字交互使用，这更足以说明“其”等于“名词+之”。举两个例子：

例一，“鸟之将死，其鸣也哀；人之将死，其言也善。”（《论语·泰伯》）“鸟之将死”用“之”，“其鸣也哀”用“其”，这里的“其”字等于“鸟+之”，“其鸣也哀”就是“鸟之鸣也哀”。为什么用“其鸣”而不用“鸟之鸣”呢？因为前边已经说了“鸟之将死”，后边再说“鸟之鸣也哀”，就重复了，不如后边的“鸟之”用代词“其”表示更精练。“人之将死，其言也善”情况相同。

例二，“水之积也不厚，则其负大舟也无力。”（《庄子·逍遥游》）“其负大舟”就是“水之负大舟”。因为前边用了“水之积”，后边的“水之负大舟”的“水之”就可以用“其”字代替了。

从上边“其”字和“之”字交互使用的情况看出，“其”字决不是一个“他”字，而是包括了“之”字在里边，它是“名词+之”，因此，它不能用作宾语，也不能用作主语，只能处在“领位”。

古代的“之”字句，“其”字句，其中的“之”字是必需的，不是可有可无的。现代汉语中没有这种句式，我们不能把这种“之”字翻译成现代汉语的“的”字，也不能把“其”字翻译成“他的”或“它的”。如“水之积也不厚”不能译成“水的积蓄不多”，“其负大舟也无力”也不能译成“它的负担大船无力”。从前我们编古代汉语说这些“之”字可以不译出，这种说法不够好，不是可以不译，而是根本不应该译，因为现代没有古代的那种语法。

最后，讲词汇问题。先举两个例子，头一个是“再”字。上古的“再”字，是“两次”“第二次”的意思，这个意思一直用到宋代以后。这不同于现代“再”字的意思。古代“再”字只作“两次”“第二次”解，“第三次”就不能用“再”了。数目字做状语，“一次”可以用“一”，“三次”可以用“三”，“六次”可以用“六”，“七次”可以用“七”。如：“禹三过其门而不入。”“诸葛亮七擒孟获，六出祁山。”唯独“两次”不能用“二”，必须用“再”。如：“一鼓作气，再而衰，三而竭。”古书这样的例子很多，比如：《易·系辞》：“五年再闰。”就是五年之内有两次闰月。《史记·孙子吴起列传》：“一不胜而再胜。”“再胜”就是“赢两次”。“再”字作“又一次”讲，产生得很晚，现在还没有研究清楚到底在什么时候。再举一个例子，“稍”字在古代是“逐渐”的意思，而不是现代的“稍微”的意思。比如：《史记·魏公子列传》：“其后稍蚕食魏。”“稍蚕食魏”就是“逐渐地像蚕吃桑叶那样来吃魏国”。“稍”表示的是一步一步地吃，而不是稍微吃一点。所以下文才有“十八岁而虏魏王，屠大梁”。“虏魏王，屠大梁”是“渐渐地吃”的结果，如果只是稍微吃一点，就不会产生这种结果了。又比如，《史记·绛侯世家》：“吏稍侵陵之。”“稍侵陵之”就是一步一步地欺负他，绛侯周勃很忠厚，他属下的人就得寸进尺，一步步地欺负他。不能说成“稍微欺负”，那不成话。又比如，苏轼有一句话，“娟娟明月稍侵轩”，它的意思是美好的月光渐渐地照进窗户。因为月亮是移动的，所以是一步一步地照进窗户，不是一下子都照进来了，也不是只稍微照进来一点，要是那样，就没有诗意了。

从上面举的例子可以看出，我们学习古代汉语，就是要准确地掌握古代汉语的词义。一个词，在古代汉语中的意义与在现代汉语中的意义是不相同的，不能用现代汉语的词义去解释古代汉语的词义。比如上边讲到的“再”字、“稍”字，如果就现代汉语的意义去解释，那就错了。古汉语中有些看起来很浅的字，最容易出错误。比较深的字会去查字典，问老师，很浅的字，以为自己懂了，实际上不懂，这就容易理解错了。所以我们有一个搞古代汉语的同志说，学习和研究古代汉语，主要是词汇问题，这话是有道理的。

（载《谈谈学习古代汉语》，山东教育出版社，1984年版）

研究古代汉语要建立历史发展观点①

我们研究古代汉语，要建立历史观点。要注意语言的社会性和时代性。

发展意味着变化。一切物质都是发展变化的，语言也不可能是例外。汉语有几万年的历史，由文字保存下来的语言材料，也有三四千年的历史。在这三四千年的漫长时期中，不知经历了多少变化。就语音方面说，现代汉语保存古代汉语的语音（指文字的读音）很少。就语法方面说，古代有些语法形式已经消失了，新的形式取代了旧的形式，并且加以发展，旧的事物不断消失，新的事物不断产生，不能不影响到旧词的消亡和新词的出现。今天为时间所限，我不能详细谈这些问题，只是就基本词汇的历史发展谈一谈。

---

① 这是作者1983年5月5日在安徽省语言学会上的讲演。

一、词汇是怎样改变意义的

词，特别是常用词，是在不知不觉中改变了意义的。由于意义相差不远，所以常常被人们忽略了。语言学家把词义的演变分为三个类型：（1）扩大；（2）缩小；（3）转移。扩大是词义的外延扩大了；缩小是词义的外延缩小了；转移是词义由原来的概念转移到邻近的概念。

（1）扩大的典型例子是“江、河”。“江、河”原指长江、黄河。例如《论语·子罕》：“河不出图。”《孟子·滕文公下》：“水由地中行，江淮河汉是也。”后来一般河流都可以称为“江、河”。另一个例子是“器”字。“器”的本义是器皿（陶器）。《老子》：“埏埴以为器。”但是很早就扩大为一般的器具了。又一个例子是“狗”字。“狗”的本义是小狗。《尔雅·释畜》：“未成毫，狗。”郭注：“狗子未生毫者。”后来词义扩大了，泛指一般的狗。

就动词来说，也有词义扩大的情况。试举“洗、踢”二字为例。“洗”字本是专指洗脚。《礼记·内则》：“面垢燂潘请靧，足垢燂汤请洗。”《汉书·黥布传》：“王方踞床洗。”《郦食其传》：“沛公方踞床，令两女子洗。”“洗”

就是洗脚。《说文》：“洗，洒足也。”后来词义扩大为一般的洗涤、洗濯。例如：杜甫《与任城许主簿游南池》：“晚凉看洗马，森木乱鸣蝉。”王建《新嫁娘》：“洗手做羹汤。”“踢”字的来源是“踶”字，本来专指马踢。《庄子·马蹄》：“夫马……喜则交颈相靡，怒则分背相踶。”后来音变为“踢”，泛指一般脚踢。例如：《水浒传·二十八回》：“抢将来，被武松一飞脚踢起，踢中蒋门神小腹上。”

（2）缩小的典型例子是“瓦”字。《说文》：“瓦，土器已烧之总名。”《诗·小雅·斯干》：“乃生女子，载弄之瓦。”毛传：“瓦，纺塼（砖）也。”后来词义缩小为屋顶上的瓦。另一个例子为“子”字。“子”的本义为儿女的总称。《诗·卫风·硕人》：“齐侯之子，卫侯之妻。”指女儿。后来专指儿子。又一个例子是“禽”字。《说文》：“禽，走兽总名。”未妥，“禽”的本义应是猎获物。《易·师卦》：“田有禽。”《左传·宣公十二年》：“使摄叔奉麋献焉。曰：以岁之非时，献禽之未至，敢膳诸从者。”后来变为鸟兽的总称。《礼·曲礼上》：“猩猩能言，不离禽兽。”华佗五禽戏有虎、鹿、熊、猿、鸟，最后才专指鸟类。

（3）转移的典型例子是“脚”字。“脚”的本义是胫（小腿）。孙子膑脚，是去掉膝盖，使两条小腿不能走路。膑脚和刖足不同。后来“脚”字变为“足”的同义词。

二、概念是怎样改变名称的

概念在语言中表现为词。某一概念在不同的民族语言中有不同的词，这是大家知道的。在同一民族里，某一概念在不同的历史时期也往往表现为不同的词，这一语言事实往往被人们忽略了。所以我在这里讲一讲概念是怎样改变名称的。

最主要的原因是：表示某一概念的词已经被用来表示另一概念，于是不能不找另一个词来表示它。例如《庄子·盗跖》：“比干剖心，子胥抉眼，忠之祸也。”《史记·刺客列传》：“（聂政）因自皮面决眼，自屠出肠，遂以死。”直到晋代还用这个意义，例如说阮籍“能为青白眼”。后来“眼”的词义扩大了，变为“目”的同义词，只好另找一个“睛”字表示眼珠子，例如唐张彦远《历代名画记》有这样一段话：

> 金陵安乐寺画四白龙，不点眼睛。云：“画睛即飞去。”人以为妄诞，固请点之。须臾雷电破壁，两龙乘云腾去上天，二龙未点眼者见在。

前面说“点睛”，下面说“点眼”，可见“睛”即是“眼”，也就是眼珠子。《三国演义》第十八回的题目是“夏侯惇拔箭啖睛”，下文说：“惇大叫一声，急用手拔箭，不想连眼珠拔出。乃大呼曰：‘父精母血不可弃也！’遂纳于口内啖之。”前面说“啖睛”，后面说“眼珠”，可见“睛”就是眼珠子。后来“眼睛”变为双音词，“睛”字不表示眼珠子，又只能找出一个新名称“眼珠子”来表示了。这样，“眼珠子”这个概念曾经两度改变了名称。

再举一个例子，就是“走路”这个概念，古人叫作“行”；“奔跑”这个概念，古人叫作“走”。现在广东人还是这样说的。《孟子·梁惠王上》：“弃甲曳兵而走。”《庄子·大宗师》：“夜半有力者负之而走。”都是奔跑的意思。下面《战国策·楚策》一个例子最能说明“走”和“行”的分别：

> 虎求百兽而食之，得狐。狐曰：“子无敢食我也。天帝使我长百兽，今子食我，是逆天帝命也。子以我为不信，吾为子先行，子随我后，观百兽见我而敢不走乎？”

前面说“行”，后面说“走”，前后的词义是不同的。直到近代，“走”字才变为“行”的同义词。那么，“走”字原来“奔跑”的意义又用什么字表示呢？就用“跑”字。“跑”字起源很晚。起初的时候，“跑”是兽类前脚刨地的意思。今浙江杭州有虎跑泉。“跑”字读páo，音转为pǎo，表示奔跑。这样说来，走路的概念由“行”改称为“走”，同时，奔跑的概念由“走”改称为“跑”。词汇发展的线索是很清楚的。

概念改变名称的另一原因是委婉语。为了避免不吉利的话，人们改用一些代称。最典型的例子是“死”的概念。人们忌讳“死”，就用“亡”“逝”“没”（殁）、“徂”（殂）等字。“亡”的本义是逃走，讳“死”就说“他逃了”。《论语·雍也》：“亡之，命矣夫！”“没”的本义是沉没。讳“死”就说“他被淹没了”。《论语·学而》：“父在观其志，父没观其行。”“逝”的本义是“往”。讳“死”就说“他走了”。司马迁《报任安书》：“则是长逝者魂魄私恨无穷。”“徂”的本义也是“往”。讳“死”也可以说成“徂”。《孟子·万章上》：“放勋乃徂落。”（《书·舜典》作“殂落”。）《史记·伯夷列传》：“吁嗟徂兮，命之衰矣。”

无论词汇改变了意义或概念改变了名称，都可以说是产生了新词。

这并不是说，有了新词，旧词就一定消失了。在文言词和成语里，它们还可以保存下来，与新词成为同义词。例如“江南”“江左”“待河之清”“投鼠忌器”“白眼”“目不转睛”“步行”“人行道”“日行千里”“奔走相告”“走马看花”。至于委婉语，只能在特定场合使用，更是不能取代旧词了。

三、语言的时代性

语言的时代性，对于古代汉语的研究是很重要的。某一个字，在上古时代是这个意义，到中古可能不是这个意义了。因此，用中古的意义去读上古的书，是错误的；用上古的意义去读中古的书，同样也是错误的。例如“眼”字，如果我读《庄子·盗跖》“子胥抉眼”以为就是“抉目”，那是误解，因为伍子胥挖的是眼珠子，不是整个眼睛（目）。汉刘向《说苑》写作“抉目”，可能是传抄之误。如果我读元稹《遣悲怀》诗“唯将终夜长开眼，报答平生未展眉”，以为“眼”是眼珠子，同样也是错误的，因为眼珠子是不能开的。“开眼”译成上古汉语应该是“张目”，而不能是“张眼”。

我问我的研究生，“吃饭”这个概念，上古汉语里怎么说，许多人回答不上来。说成“食饭”吗？不是的。“饭”字在上古汉语里只当动词用，不当名词用。《论语·述而》：“饭疏食，饮水。”“饭疏食”是吃粗粮的意思。那么，能不能把“吃饭”译成“饭食（sì）”呢？那也不行。上古没有这种构词法。上古时代，人们把“吃饭”这个概念简单地说成“食（shí）”或“饭”（上声）。例如，《左传·成公二年》：“余姑翦灭此而朝食。”《史记·廉颇列传》：“廉将军虽老，尚善饭。”

既然上古汉语里“饭”字只用作动词，那么现在“饭”这个概念，上古又该怎么说呢？那就是“食”字，读去声（sì）。例如，《论语·述而》：“饭疏食。”《论语·雍也》：“一箪食，一瓢饮。”《孟子·梁惠王下》：“箪食壶浆以迎王师。”

下面再举一些例子来说明语言的时代性。

（1）“羹”字。羹就是带汁的肉，所以其字从羔。旧《辞海》云：“羹，羹汤之和以五味者。”新《辞源》云：“羹，和味的汤。”新《辞海》云：“羹，本指五味调和的浓汤，亦泛指煮成浓液的食品。”都是错误的。其错误在于把羹说成一种汤，其实应该说羹是一种肉。《尔雅·释器》：“肉谓之羹。”古人用来就饭的菜肴往往只有一碗肉，那碗肉就叫作“羹”。《左传·隐公元年》：“（颍考叔）有献于公，公赐之食，食舍肉，公问之。对曰：‘小人有母，皆尝小人之食矣，未尝君之羹，请以遗之。’”前面说“肉”，后面说“羹”，可见“羹”就是肉。《后汉书·陆续传》：“续繫狱，见饷羹，知母所作。葱必寸断，肉方正，以此知之。”可见羹就是肉，这里是加葱调味的肉。穷人没有肉吃，就吃菜羹。菜羹就是煮熟的菜，加上米屑，用来就饭，也不是汤。《论语·乡党》：“虽疏食菜羹，必祭。”“菜羹”被解作小菜汤。《孟子·告子上》：“一箪食，一豆羹，得之则生，弗得则死。”被解作“一筐饭，一碗汤”。这都是错误的。《史记·项羽本纪》：“吾翁即若翁，必欲烹而翁，则幸分我一杯羹。”从前我以为刘邦只要一碗汤，其实也不是汤。

“羹”由于是带汁的肉，所以词义转移为汤。那是中古以后的事情了。王建《新嫁娘》诗：“三日入厨下，洗手作羹汤。”大约唐代“羹”字已经解作汤了。《红楼梦》第三十五回：“白玉钏亲尝莲叶羹。”那是新荷叶做的鸡汤。时代不同，“羹”的意义也就不同了。

（2）“睡”字。《说文》：“睡，坐寐也。”“睡”的本义是坐着打瞌睡的意思。《左传·宣公二年》：“盛服将朝，尚早，坐而假寐。”“假寐”是不脱衣而睡的意思。“坐而假寐”就是坐着打瞌睡的意思。《战国策·秦策》：苏秦“读书欲睡，引锥自刺其股，血流至足”。《史记·商君列传》：“孝公既见商鞅，语事良久，孝公时时睡，弗听。”《汉书·贾谊传》：“将吏披介胄而睡。”这些都是打瞌睡的意思。直到中古时代，“睡”字才变为一般的睡觉。杜甫《茅屋为秋风所破歌》：“自经丧乱少睡眠。”《彭衙行》：“众雏烂漫睡，唤起沾盘飧。”这些再也不是打瞌睡了。这就是“睡”字的时代性。

（3）“红”字。《说文》：“红，帛赤白色。”赤白色就是红和白合成的颜色，也就是粉红。上古时代，红色不叫“红”，叫“赤”。红不是正色，而是间色（杂色）。《论语·乡党》：“红紫不以为亵服。”《文心雕龙·情采》：“正采耀乎朱蓝，间色屏于红紫。”紫是青赤色，也不是正色。所以红紫都在摒弃之列。到了中古时代，“红”变为“赤”的同义词。杜甫《北征》诗：“或红如丹砂，或黑如点漆。”那该是大红，而不是粉红了。这就是“红”字的时代性。

（4）“青”字。上古所谓“青”，就是蓝色。《荀子·劝学》：“青取之于蓝而青于蓝。”（蓝，指染料蓼蓝）可见青就是蓝，不是绿。有的字典把“青”字解作“蓝色或绿色”，是不对的。青和绿不同。我们说“青青河畔草”，又说“年年春草绿”。这是季节不同，春天的嫩草是绿的，后来才变为青的。青是五色之一，所以是正色。绿是青黄色（见《说文》），即蓝和黄合成的颜色。上文所引《文心雕龙》“正采耀乎朱蓝”，“朱蓝”都是正色，也就是赤和青。到了近代，“青”也表示黑色。例如京剧的角色有“青衣”（黑衫）。这就是“青”字的时代性。

总之，语言的时代性是非常重要的。某一时代某一个词还没有这种意义，即使这样解释可以讲得通，也不可以这样讲。例如《荀子·劝学》：“假舟楫者，非能水也，而绝江河。”“江河”虽可解作一般的河流，仍旧应该讲成长江黄河（这里代表一般河流）。《史记·淮阴侯列传》：“时乎时，不再来。”与其解作“时机不再来一次”，不如解作“时机不会来两次”。因为上古时代“再”字只能当两次讲。

四、语言的社会性

语言是社会的产物，个人不能创造语言。如果解释一个词的意义，而这种意义只是一次见于某一部分或某一篇古文，这个解释就是不可信的。数年前，我看见一本词典稿，其中的“信”字有一个义项是“旧社会的媒人”。举的例子是《孔雀东南飞》：“自可断来信，徐徐更谓之。”别的书中“信”字都没有当媒人讲的，唯独《孔雀东南飞》的“信”字当媒人讲，谁看得懂，余冠英先生注：“断来信就是拒绝来使，指媒人。”这样解释就对了。

近人喜欢讲通假，通假说常常出毛病。清代的俞樾喜欢讲通假，而他所讲的往往是不可信的。例如他说《诗·魏风·伐檀》：“不稼不穑，胡取禾三百廛兮？”“不稼不穑，胡取禾三百亿兮？”“不稼不穑，胡取禾三百囷兮？”其中“廛”应是“缠”的假借字，“亿”应是“繶”的假借字，囷应是“稛”的假借字。我们要问，正字是正例，为什么这样巧，三处都用了假借字呢？“繶”是僻字，并且是彩丝的意思，为什么忽然变了一个量词呢？“亿”假借为“繶”，谁听得懂呢？又如《庄子·养生主》：“技经肯綮之未尝。”俞氏以为技是枝字之误，“技经”是枝脉、经脉的意思。《养生主》还有几个“技”字（“技盖至此乎”“进乎技矣”），为什么别的技字都不错，只有这个技字错了呢？把枝脉、经脉说成“枝经”，谁看得懂呢？过去我们在《古代汉语》里讲《庖丁解牛》时曾采用俞氏的说法，后来才修正了我们的错误。

总体来说，研究古代汉语要建立历史发展观点。要注意语言的时代性和社会性。把语音、语法、词汇三方面的历史发展研究好了，就是一部汉语史。今天只就词汇方面讲一讲，讲得不深不透，只是从研究方法上讲了一些。希望同志们掌握这个方法，学起古代汉语就容易了。

1983年

（载《语言与语文教学》，安徽教育学院编印，1983年6月；又收入《谈谈学习古代汉语》，山东教育出版社1984年版）

文言语法鸟瞰

这里对文言语法只谈一个极其概括的轮廓。分为三个方面加以叙述：一、句子成分；二、词序；三、单复数。

一、句子成分

上古汉语句法成分有两个主要的特点：第一是判断句一般不用系词；第二是第三人称代词一般不用作主语。

判断句，又叫作名词谓语句，就现代汉语说，也就是“是”字句。例如“孔子是鲁国人”，这就是一个判断句，“是”字是判断句中的系词。在上古汉语里，这个句子只能是：“孔子，鲁人”“孔子，鲁人也”或“孔子者，鲁人也”，不用系词“是”字。有人以为文言文里另有系词“为”字、“乃”字等，那至少不是正常的情况。甚至在判断句中用了副词的时候，依现代汉语语法应该认为这些副词都是修饰系词的，而上古汉语在这种情况下仍然不用系词。例如《孟子·公孙丑上》：“子诚齐人也。”依现代汉语语法，“诚”后面应该有“是”字，但是古人在这种地方一律不用系词。

如果我们不了解上古汉语不用系词这一个语法事实，有时候会使我们对古文的语句产生误解。特别是中学生接触古文不多，误解的可能性更大。对于《战国策·唐雎不辱使命》：“此庸夫之怒也。”很可能误解为“这个庸夫的怒”，而不懂得是“这只是庸夫的怒”。在上古时代，“是”和“此”是同义词，都当“这”字讲，但是一般人看见“是”字很容易误会，以为就是系词了。例如《孟子·梁惠王上》：“直不百步耳，是亦走也。”中学生们很可能把这个“是”字和现代汉语的“是”字等同起来，而不知道“是亦走也”应该解释为“这也是逃跑”。假定有系词的话，系词也只能用在副词“亦”字的后面，而不能用在前面，可见这里的“是”字只是指示代词，不是系词。

主语这个句子成分，无论在古代汉语或现代汉语的句子里，都不是必须具备的。但是，上古汉语的句子不用主语的情况要比现代汉语多得多，主要的原因之一是上古第三人称代词一般不用在主语的位置上。试看《论语·阳货》有这样一段话："阳货欲见孔子，孔子不见。归孔子豚。孔子时其亡也而往拜之。遇诸涂。"这些句子也有用主语的，也有不用主语的。当它们用主语的时候，只用专有名词，不用人称代词："孔子不见"不说成"其不见"，"孔子时其亡也而往拜之"不说成"其时其亡也而往拜之"。但是，专有名词用得太多也嫌累赘，所以在许多地方索性不用主语，例如这里不说"阳货归孔子豚"和"孔子遇诸涂"；至于"其归孔子豚""其遇诸涂"则为上古汉语语法所不容许的，更是不能说了。

具体地说，所谓第三人称代词不能用于主语，实际上就是"其"字不能用于主语。大家知道，人称代词"之"字用于宾语，"其"字则用于"领位"，大致等于现代汉语的"他的""她的""它的"或"他们的""她们的""它们的"。"其"字不能用作独立句的主语，因此，"其归孔子豚""其遇诸涂"一类的句子都不成话。有时候，"其"字很像主语，其实"其"字的作用在于取消句子的独立性，使主谓结构变为词组。例如《孟子·离娄上》："三代之得天下也以仁，其失天下也以不仁。""其"字实际上代替了"三代之"，所以"其失天下"按照上古语法应该解作"他们的失天下"（或"它们的失天下"）。

“彼”字倒反可以用作独立句的主语，例如《孟子·梁惠王上》：“彼夺其民时。”但“彼”字不是一般的人称代词，它带有指示代词的性质，而且它被用作主语的情况也是相当罕见的。

二、词序

关于词序，这里想谈两种情况：第一是动宾结构的词序；第二是介词结构的位置。

在动宾结构中，动词在前，宾语在后，现代汉语是这样，古代汉语也是这样。但是，上古汉语有一种特殊情况：在否定句里，宾语如果是个代词，就经常放在动词的前面。例如《论语·宪问》：“莫我知也夫！”“我”是代词，所以提到动词的前面。要了解这个语法规则，必须辨别哪些词是代词，哪些不是代词。《论语·学而》：“不患人之不己知，患不知人也。”“己”是代词，所以放在动词的前面，“人”不是代词，所以放在动词的后面，这是鲜明的对比。“君”“子”“先生”等都是以普通名词作为尊称，不能算为真正的代词，所以这些词永远不能放在动词的前面。例如《论语·宪问》，在孔子说了“莫我知也夫”之后，子贡接着就问："何为其莫知子也？""莫知子"才是对的，"莫子知"反而是违反语法的。真正的代词宾语如"我""汝""之""是"等，在否定句里，虽然也偶尔出现在动词后面，那是非常罕见的了。

在疑问句里，宾语如果是个疑问代词，也必须放在动词的前面。《孟子·梁惠王上》："牛何之？"《庄子·逍遥游》："彼且奚适也？"这种例子是不胜枚举的。今天的成语还有"何去何从"等。疑问句中代词宾语的位置比之否定句中代词宾语的位置更为固定，差不多没有什么例外。

介词结构是修饰谓语的。按照现代汉语语法，介词结构一般是放在谓语的前面。但是按照上古汉语的语法，许多介词结构是放在谓语后面的；特别是"于"字结构跟现代的词序很不相同。"于"字跟现代汉语对译时，随着情况的不同，可以译成"在""向""从""被""比"等。在上古汉语里，"于"字结构一般总是放在谓语的后面；在现代汉语里，情况正相反，"在"字结构、"向"字结构、"从"字结构、"被"字结构、"比"字结构却都是放在谓语前面的。试比较下面的几个从《论语》中选出来跟现代汉语对照的例子：季氏旅于泰山（季氏在泰山举行旅祭）；哀公问社于宰我（鲁哀公向宰我问关于社的制度）；虎兕出于柙（老虎犀牛从笼子里跑出来）；屡憎于人（经常被人们憎恨）；季氏富于周公（季氏比周公更富）。就这些情况看来，词序的差别是很大的。当然也有古今词序相同的时候，例如《孟子·公孙丑上》："今人乍见孺子将入于井。"译成现代汉语是："现在有人忽然看见一个小孩儿将要掉在井里。"但是，这种词序相同的情况是比较少见的。

"以"字结构也有类似的情况。《论语·为政》："生事之以礼，死葬之以礼，祭之以礼。"这些句子的词序都是跟现代汉语不同的。

三、单复数

在现代汉语里，我们用"们"字表示复数。不但人称代词后面可以加"们"字变为"我们""你们""他们""她们""它们"；甚至有的名词也可以加"们"，如"同志们""科学家们"。我们又用"些"字加在指示代词后面表示复数，如"这些""那些"等。在上古汉语里，这种单复数的区别是没有的。不但名词没有单复数的区别，就是代词也没有单复数的区别。"吾"或"我"可以表示"我"，也可以表示"我们"；"尔"或"汝"可以表示"你"，也可以表示“你们”；“之”可以表示“他”“她”或“它”，也可以表示“他们”“她们”或“它们”；“其”可以表示“他的”“她的”或“它的”，也可以表示“他们的”“她们的”或“它们的”。“是”“此”或“斯”可以表示“这”，也可以表示“这些”，有时候还可以表示“那”或“那些”。

第一人称复数用“我”字。《论语·阳货》：“日月逝矣，岁不我与。”这句话大意是说：“时间不等待我们。”

第二人称复数用“尔”字。《论语·先进》：“子路、曾皙、冉有、公西华侍坐。子曰：‘以吾一日长乎尔，毋吾以也。居则曰，不吾知也；如或知尔，则何以哉？’”这里子路等一共四个人，“尔”指的是“你们”。

第三人称复数用“之”字。《论语·公冶长》：“老者安之，朋友信之，少者怀之。”老者、朋友、少者都不止一个人，所以“之”字应该解释为“他们”。

第三人称复数用“其”字。《论语·子张》：“百工居肆以成其事。”既然是“百工”，可见“其”字表示了复数。

指示代词表示复数的也不少见。《孟子·梁惠王上》：“王立于沼上，顾鸿雁麋鹿，曰：‘贤者亦乐此乎？’”“此”是鸿雁麋鹿。《孟子·滕文公下》：“古者不为臣不见。段干木逾垣而辟之，泄柳闭门而不纳，是皆已甚。”这里有个“皆”字，“是”字的复数性更加明显了。我们虽然不能说古人没有复数的观念，但是单复数的区别不需要在语言形式上表现出来。

在《左传》《史记》《汉书》等书里，有“吾侪”“我曹”“若属”一类的说法，那不是简单地表示复数，而是说“我们这一类的人”“我们这些人”等等，是一种强调的说法。这和我们上面所说代词没有单复数的区别的原则是没有矛盾的。

* * *

以上所谈，就是我所说的古代汉语语法的几个粗线条。在简短的篇幅里，不可能谈得很全面。但是，如果我们让中学生得到这些文言语法常识，作为学习古代汉语的基础，也就很够了。

在讲述这些文言语法常识的时候，不要忘了历史观点。我们不要以今律古，大谈其“省略”和“倒装”。上古汉语本来就不需要系词，并不是“省略”了系词。如果真的是系词被省略了，应该总有不省略的时候，而且不省略的情况应该比省略的情况更常见些，为什么上古汉语的系词是那样罕见呢？上古汉语的否定句和疑问句的代词宾语本来就是放在动词前面的，无所谓“倒装”，如果说“倒装”，那只是以现代汉语作为标准。关于单复数问题，也应该这样看待。现代汉语的代词有单复数的区别，这是历史发展的结果，并不能以此证明古代汉语里也一定有这种区别。这样研究古代汉语的语法，才是合乎历史主义的。

（载《人民教育》1962年1月）

汉语发展史鸟瞰[①]

事物总是发展的，语言不能是例外。随着历史的发展，汉语从上古、中古、近代以至现代，经历不少的变化，才成为现在的样子。研究这些变化，成为一门科学，叫作汉语史，也叫作汉语发展史。

语言是发展的，在科学发达的今天，这是不容怀疑的真理。但是古人并不懂得这个真理，他们以为语言是永久不变的。儿女跟父母学话，世代相传，怎么会有变化呢？他们不知道，儿女跟父母学话也不能百分之百相像，一代传一代，积少成多，距离拉大了，就有明显的变化。其次，由于社会的发展，新事物的产生需要新的词语来表示，旧事物的废弃也引起旧词语的淘汰，语言的变化就更大了。

---

① 这是作者在香港大学的一次演讲。

现在我分为语音、语法、词汇三方面和大家谈谈汉语发展史。由于时间的限制，我只能粗线条地勾画出一个轮廓。所以我今天讲的题目叫作“汉语发展史鸟瞰”。

一、汉语语音的发展

从前人们不知道语音是发展的，不知道古音不同于今音。他们念《诗经》的时候，觉得许多地方不押韵。例如《关雎》一章：“参差荇菜，左右采之；窈窕淑女，琴瑟友之。”“友”字怎能和“采”字押韵呢？于是有人猜想，诗人为了押韵，把“采”字临时改读为“此”，“友”字临时改读为“以”。这种办法叫作“叶音”。但是，为什么《诗经》里所有的“友”字都念“以”，没有一处读成“酉”音呢？人们没法回答这个问题。直到明末的陈第，才提出了一个历史主义的原理，他说：“时有古今，地有南北，字有更革，音有转移，亦势所必至。”他从此引出结论说，《诗经》时代，“友”字本来就念“以”，并非临时改读。他的理论是正确的。但是他的拟音还不十分正确。直到最近数十年，我们学习了历史比较法，进行了古音拟测，才知道先秦时代，“采”字的读音是〔ts‘ə〕，“友”字的读音是〔ɣi̯uə〕，这样问题才解决了。

不但上古音和今音不同，中古音也和今音不同。不懂中古音，我们读唐宋诗词时，有些地方也感到格格不入。例如杜牧 《山行》诗：“远上寒山石径斜，白云生处有人家。停车坐爱枫林晚，霜叶红于二月花。”“斜”字用北京话读，用广州话读都不押韵，用上海话读成〔ziɑ〕才押韵了。因为上海话“斜”字保存了唐宋音。又如王安石《元日》诗：“爆竹声中一岁除，春风送暖入屠苏。千门万户曈曈日，总把新桃换旧符。”用广州话读，“除”〔tʃ‘θy〕、“苏”〔ʃou〕、符〔fu〕都不押韵，用北京话读就押韵了，因为北京话“除”“苏”“符”等字接近于唐宋音。

声母方面，有两次大变化。第一次是舌上音和轻唇音产生。本来知彻澄母字是属于端透定母的。现代厦门话“直”字读〔tlt˥〕、“迟”字读〔ti˥〕、“昼”字读〔tiu˩〕、“除”字读〔tu˥〕、“朝”字读〔tlɑu˥〕是保存了古声母。客家话“知”字读〔ti〕也保存了古声母。本来非敷奉微四个声母的字是属于帮滂並明的。上海“防”字读〔bɔŋ〕，“肥皂”说成“皮皂”，白话“问”说成“闷”，“闻”（嗅）说成“门”，“味道”说成“谜道”，广州“文”读如“民”，“网”读如“莽”，“微”读如“眉”，白话“新妇”（儿媳妇）说成“心抱”，都是保存了古声母。舌上音大约产生于盛唐时代，轻唇音大约产生于晚唐时代。

第二次是浊音的消失。本来，汉语古声母分为清浊两类：唇音帮滂是清，並是浊；舌音端透是清，定是浊；齿音精清是清，从是浊；牙音见溪是清，群是浊，等等。现代吴方言还保留清浊的分别，例如“暴”〔bɔ〕≠“报”，“洞”〔duŋ〕≠“冻”〔tuŋ〕，“尽”〔dzin〕≠“进”〔tʃin〕，“轿”〔dʑiɔ〕≠“叫”〔tɕiɔ〕，等等。现代粤方言浊音已经消失，只在声调上保留浊音的痕迹：清音字归阴调类，浊音字归阳调类，以致“暴”与“报”，“洞”与“冻”，“尽”与“进”，“轿”与“叫”，都是同音不同调。北京话只有平声分阴阳，浊上变去，去声不分阴阳，以致“暴”=“报”，“尽”=“进”，“轿”=“叫”，既同音，又同调，完全混同了。浊音声母的消失，大约是从宋代开始的。

韵部方面，也有两次大变化。第一次是入声韵分化为去入两声。上古入声有长入、短入两类。例如“暴”字既可以读长入〔boːk〕，表示残暴，又可以读短入〔bok〕，表示晒干（后来写作“曝”）。后来长入的“暴”字由于元音长，后面的辅音失落，变为〔bo〕，同时变为去声。长入变去的过程，大约是在魏音时代完成的。第二次是入声韵部的消失。古代入声有三种韵尾：〔-p〕，〔-t〕，〔-k〕，和今天的广州话一样。例如广州“邑”〔jep〕，“一”〔jet〕，“益”〔jik〕；“急”〔kep〕，“吉”〔ket〕，“击”〔kik〕。后来合并为一种韵尾：〔-ʔ〕，和今天的上海话一样。例如上海“邑、一、益”〔iʔ〕，“急、吉、击”〔tɕiʔ〕。最后韵尾失落，和今天的北京话一样。例如“邑、一、益”〔i〕（“一”读阴平，“邑，益”读去声），“急、吉、击”〔tɕi〕（“击”读阴平，“急，吉”读阳平）。这最后的过程大约是在元代完成的。

语音的发展都是系统性的变化，就是向邻近的发音部位发展。例如从双唇变唇齿，从舌根变舌面。有自然的变化，如歌韵的发展过程是ai→a→ɔ→o，有条件的变化，如舌根音在〔i〕、〔y〕的前面变为舌面音，北京话“击”字是由〔ki〕变〔tɕi〕，“去”字是由〔k‘y〕变〔tɕ‘y）；又如元音〔u〕在舌齿唇的后面变为〔ou〕，广州话“图”字是由〔t‘u〕变〔t‘ou〕，“苏”字是由〔su〕变〔sou〕，“布”字是由〔pu〕变〔pou〕。条件的变化都只是可能的，不是必然的。

二、汉语语法的发展

语法是最富有稳定性的，但是也不能没有发展。现在举出主要的四点来谈。

第一，双音词的发展。汉语本来是所谓“单音节语”。除连绵字外，都是单音词。后来逐渐产生双音词，随着历史的发展，双音词越来越多了。双音词产生的主要原因是：（1）由于语音系统简单化，需要产生双音词，以免同音词太多。例如北京话“眼”发展为“眼睛”，“角”发展为“犄角”，就是这个道理。广州话同音词较少，因此双音词也较少。（2）由于社会的发展，新事物的不断产生和出现，双音词也就越来越多。新名词一般总是在旧词的基础上产生的，往往是两个旧词的组合，如“火车”“轮船”“电灯”“电话”“火柴”“肥皂”等。

第二，词尾的发展。名词词尾“子”“儿”，人称代词词尾“们”，形容词词尾“的”，副词词尾“地”，动词词尾“了”“着”“过”，都是近代产生的。这是汉语语法的大发展。尤其是表示情貌（aspect）的动词词尾“了”“着”“过”，最能反映汉民族逻辑思维的发展。

第三，量词的发展。上古时代，汉语的量词是很少的，只有“车千乘、马千匹”一类的量词，而且这些量词是放在名词后面的。“一个人”“一所房子”“三条鱼”“五棵树”等，其中的量词，是比较后起的了。另有一种动量，如“来了八次”“听了一回”“再说一遍”等，那就更晚。这也是汉语语法的大发展。

第四，使成式的发展。上古时代，使成式非常罕见。《孟子》说：“则必使工师求大木……匠人斲而小之。”这是使成式的萌芽。由“斲而小之”演变为“削小”，就成了使成式。但是，使成式在古文中仍是非常少见的。古人用的是使动词。“打败了他”，古人只说“败之”；“做成了它”，古人只说“成之”；“打死了他”，古人只说“毙之”；“打倒了他”，古人只说“踣之”，等等。使动词只说出了结果，没有说造成这种结果的原因，意思不够明确。使成式把因果同时说出来了，这也是汉语语法的大发展。

三、汉语词汇的发展

随着社会的发展，词汇就有新陈代谢。旧词的死亡和新词的产生，是汉语发展长河中最显而易见的现象。上古的“俎”“豆”“尊”“彝”等等，后代没有了，它们就变了死亡的词。但是新兴的词要比死亡的词多得多。

词汇的发展和社会生产的发展有极其密切的关系。社会生产的发展又和科学技术的发展大有关系。近百年来，社会生产有巨大的发展，因此，表现新事物、新科学、新技术的名词术语也就层出不穷。近百年来，汉语新词的产生，其数量远远超过二千年。我们可以从新词产生的多少看文化科学的进步。

汉语的词汇常受外语的影响。最明显的影响可以分为三个时期。第一时期是北方与西域的影响，主要是在汉代输入一些外来语，如“箜篌”“琵琶”“蒲桃”（葡萄）、“苜蓿”等。第二时期是印度的影响，主要是在东汉输入佛教以后，如“佛”“菩萨”“和尚”“世界”“地狱”“罪孽”等。第三时期是西洋的影响，是在鸦片战争以后，西洋的文化、科学、技术传入中国，汉语里产生大量的新词，五四运动以后，新词越来越多。今天书报上的文章里，大约有三分之一以上是五四运动以后新兴的词语，不过人们习以为常，不知道它们是新兴的词语罢了。

应该指出，五四运动以后新兴的词语并不都是外语的影响。除了“咖啡”“沙发”一类音译名词之外，一般的译词如“火车”“轮船”“电灯”“火柴”“肥皂”“电影”等，都不该认为是外语的影响，因为这些新事物传入中国以后，中国人用汉语的旧词作为词素造成这些新事物的名称，这是土生土长的东西，不能说是从外语借来的。

但是，有些抽象的名词概念，仍应认为是从外语借来的。例如“哲学”“文学”“逻辑”“前提”“具体”“抽象”“经济”“革命”“发展”等，都不是我国古人原有的概念。古书中虽也有“文学”“具体”“经济”“革命”的说法，但不是今天这个意思。至于“逻辑”是译音（logic），“前提”“抽象”是译意（premise，abstract），那更不用说，是受外语的影响了。

以上所讲的汉语发展史，可说是轮廓的轮廓。详细讲起来，可以写成一部书。这里不详细讲了。

（载《语文园地》1981年第1期）

观念与语言

凡有语言学常识的人，都知道语言的武断性。语言学家戴·索胥（F. de Saussure）把语言称为“能表者”，把思想称为“所表者”，同时又说明能表者和所表者之间并没有必然的关系。这里所谓没有必然的关系，只是说语言初形成的时候是如此，并不是说语言里各成分像一盘散沙，毫无系统。不过，语言既是富于武断性的，则“能表者”的可能形式当然很多，各民族在用语言表达思想的时候，即使思想完全相同，表现的方式也绝不相同。语音方面，某语音表示某思想，各民族之间大相径庭，这是大家很容易感觉到的。至于未发言以前“语像”的不同，就很少人注意到了。“语像”之不同，有关于语法方面的，有关于词汇方面的。本文专门从词汇方面来谈一谈观念与语言的关系。

观念和观念的相通，在各民族的心理上并不一致。这种不一致的情形，在各族语的词汇上可以充分表现出来。首先应该论到的是语言上的“譬喻法”（metaphor）。像“山脚”“瓶口”“锯齿”之类，以脚譬喻山之低处，以口喻瓶之进物处，以齿喻锯之锯物处，似乎是全人类都有同感的。但是，英国人说“针眼”（the eye of a needle），德法人并不这样说；中国人说“伤口”，英法人也并不这样说。“山脚”这一个名称，似乎很普通了，但是，据柏龙斐尔特（L. Bloomfield）说，在Menomini语里，山而有脚，却成为无意义的话。西洋人称无耻而聪明的人为“狐狸”，风骚的女人为“猫”，中国并没有这种说法；中国人称男色为“兔子”，纵妻卖淫的人为“乌龟”，西洋也没有这说法。

字的本义和引申义的关系，也是观念相通的表现。但是，某一字的引申义，在某一民族里视为当然的，在另一民族看来，往往不知其所以然，甚至百索不得其解。例如法语respirer本义为“呼吸”，引申义为“渴望”，非但中国人不如此引申，连英国人也不如此引申。又如名词condition的原始义为“地位”，展转引出“条件”一义；动词supose的原始义为“假设”，展转引出“包含”（imply）的意思。在中国人看来，地位与条件，假设与包含，两个观念之间应该没有相通之理。即如英文need字，既作“缺乏”解，又作“需要”

解，虽然“缺乏”和“需要”二义极可相通，但是中国原来并非一字。又如charming一字本为“以邪法惑人”的意思，引申为“可悦”，中国虽也有“美色迷人”之说，却不像西洋那样用于正经的方面。再拿中国字为例。例如“须”字，它由“待”的意义（《诗》“卬须我友”）引申到“用得着”的意义（《汉书》“不须复烦大将”），再引申到“应该”的意义，本是颇自然的演化，但是在英法语里，“待”的观念，并没有和“应该”的观念相通的痕迹（“道”字情形与此相仿）。又如“仇”字由“仇匹”引中为“仇雠”，二人相偶，易成怨仇，这也有其演化之理，然而西洋在这源上头也并不相通（法文duel与此相似，但“决斗”之duel出自拉丁文duellum，“双数”之duel出自拉丁文之du lis，并不同源）。再举一个例子：“写好了信”“炒好了菜”的“好”字表示“完成”，英文的good、well，法文的bon、biu都是没有这种引申的。

有些字虽有两个以上的意义，这些意义是否同源不可详知，于是这两个观念在民族心理上是否相通也不可知。例如air表示空气，又表示曲调，又表示神态。key表示钥匙，又表示音乐上的基调。subject表示臣民，又表示题目。在这种不可详考的情形之下，我们只能暂时认为各不相通。中国语此类例子甚多，如“仁义”的“仁”与“桃仁”的“仁”、“麻木不仁”的“仁”，“介胄”的“介”和“此疆尔介”的“介”，“仔肩”的“仔”和“仔细”的“仔”，“征伐”的“伐”和“矜伐”的“伐”，都只好认为homonyms或homographs，但是，这只是暂时如此判断，并不敢断定它们绝不相通。试举法语grevel一词为例，一为“沙滩”，一为“罢工”，两个观念似乎绝不相通。然而经Darmeateter的考证，巴黎有一个广场名叫Greve（即今Hotel de Uille），这广场是沿着塞纳河的沙滩的，而昔日工人又在此地等候登记，所以“沙滩”和“罢工”有了这一座桥梁，就此相通了。试以中文为例，如“任”字通“妊”（《史记》“纣刳任者”），似与“责任”的“任”绝不相通，但如果我们知道“任”有“抱负”的意思（《诗》“是任是负”），就明白由“负担”演化为妊娠和责任是多么自然的趋势了。

以上讨论的是从语言上看观念之相通，各民族并不一致。以下我们还要举出另一件事实，也是各民族不一致的，就是在表示同一事物的时候，其观念也常有综合与分析的不同。

本来，古今的语言相比，也常有分析与综合的歧异。“犊”是“小牛”，“阈”是“门槛”，“耕”是“种田”，“汲”是“打水”，“举”是“拿起来”，“置”

是“放下去”。一国之内方言相比，也有同样的情形：粤语叫作“粥”，官话叫作“稀饭”；上海叫作“蛇”，北平叫作“长虫”。但是，若拿甲乙两族语相比，尤其是不同系的语言相比，这种参差的情形，尤为显著。wick是“灯心”，或“灯草”，mason是“泥水匠”，shave是“刮胡子”，smoke是“吸烟”。这是中文分析而英文综合的例子。“柴”是bois a bruler（英文firewood也是分析而成的合成字），“兄”是frêre aîné，这是中文综合而法文分析的例子。

观念的分析，有很合理的，例如“小牛”之于“犊”，“刮胡子”之于shave；也有颇难索解的，例如“打水”的“打”字。暹罗人称“蜜”为“蜂水”，称“油”为“肥水”，称“乳”为“胸水”，在别的民族看来，已经觉得奇怪；至于他们称“意”为“心水”（Namchai），“水”字更是奇中之奇。但是，我们所感觉的“奇”，在他们是“平平无奇”，因为许多地方可用风俗习惯甚至于宗教来解释的。不过，我们似乎觉得有些族语偏于综合，有些族语偏于分析。例如暹罗人把“河”也称为“水母”，其偏于分析的特征是显然的。

越是范畴分得细，越是用综合的观念。当我们的祖先把小牛叫作犊的时候，几乎可说是不把犊和牛看作同类的东西。《说文》里以猲为短喙犬，以獫为长喙犬，以獋为短胫犬，只是追加的释词，其实在语言初形成的时候，未必把它们认为同类。西洋人把鼠分为rat和mouse两种，在原始的时候，一定是把它们的分别看得很大，然后定出毫不相干的两个字来。这种情形，和某一民族的风土人情大有关系。依《说文》马部所载，马类有种种名称，如马白色黑鬣毛为骆、马深黑色为骊之类，不下数十种，这足以表示这是畜牧时代的遗迹。据说阿拉伯有几千个字来表示种种的骆驼，却没有骆驼的总名，这一则可见阿拉伯人的生活和骆驼的关系太密切了，二则可见语言形成的初期，阿拉伯人并没有把这几千种骆驼认为同属一大类的感觉。另有些语言里，对于棕榈，有许多名称；却没有一个总名，也是这个道理。有些民族没有“洗”字，只有“洗手”“洗脸”“洗身”等名称，也因为他们把洗手的动作和洗身洗脸的动作认为差别很大的缘故。我们中国话之所以把“兄”和“弟”、“姊”和“妹”、“伯”和“叔”分得十分清楚，正因为在上古的宗法社会里，长幼之序甚严。中国的“秧”“稻”“谷”“米”“饭”五字，在安南只有lua（秧、稻、谷）、gao（米）、com（饭），而在英文更只有rice的总名。这正足以表示中国和安南为产米之国，恰和阿拉伯是产骆驼之国一样。

观念的分析和综合，语法学家最看得清楚。例如pirate虽可译为“海贼”，然而pirate是一个词，是综合的观念；“海贼”是两个词，是分析的观念，不能相提并论。但是，若撇开语法的立场，专从语言的功用来说，综合和分析却是异途而同归。说分析的语言胜于综合的语言固是荒谬，若说综合的语言胜于分析的语言，也有失真理。记得杂志上记载某君的言论，他因中国只有“胡子”一词和英文beard、moustache二词相当，就断定中国的语言是贫乏的；其实我们之所以不要分得这样细，大约因为现代中国人留胡子的太少了。试看中国上古以留胡子为美观的时代，我们有“髭”“须”“髯”的分别，比英文还要分得细呢！

由上所说，我们知道，在语言的表现上，观念与观念之间并没有必然的关系。在语言的结构上，则有综合和分析的分别，但这综合和分析可以说是先天的，就是先在民族的心理上生了根，先在观念上形成综合或分析的“语像”，然后发为语言。总之，观念与语言的关系，是由各民族的风俗习惯宗教文化决定的。我们只应该在这上头比较它们的异同，无论在语言学本身或社会学上都有裨益，却不应该从它们的异同地寻找民族的优劣或语言的丰富或贫乏的证据，因为这是徒劳无功的。

（载《文学创作》3卷1期，1944年）

逻辑和语言[①]

在社会生活中，人们要互相交流思想，就必须运用逻辑和语言。逻辑和语言是既有联系又有区别的。认识这两者的关系，会有助于我们自觉地选择恰当的词句来表达我们的思想，有助于我们从逻辑方面来分析不同词句中所包含的思想，提高我们运用逻辑和语言的能力。

在这篇文章里，拟就下列几个问题做一些分析，这些问题是：（一）思维和语言的统一性；（二）思维和语言的区别；（三）概念和词；（四）判断和句子；（五）推理和复句；（六）思维的发展和语言的发展。

① 逻辑和语言的问题所包括的范围很广，本文所讲的逻辑和语言的关系，只是讲形式逻辑，而且主要是讲演绎逻辑和语言的关系。也就是讲概念、判断、推理和语言的关系。——作者注

一、思维和语言的统一性

逻辑是关于思维的形式和规律的科学。要谈逻辑和语言的关系，必须先谈一谈思维和语言的关系。

思维和语言是有机地联系着的，不可分割的。语言是在人的劳动过程中和思维一起产生的。没有思维就没有语言，“语言是思想的直接现实”。[①]假使人类没有思想，则语言的存在不但没有必要，而且没有可能。没有语言也没有思维，思想“只有在语言的材料底基础上”才能产生。[②]思维的过程实际上是一种自言自语，不过一般不发出声音来罢了。

语言对人类思维的发展有着重大的意义。斯大林说：“有声语言在人类历史上是帮助人们从动物界划分出来、结合成社会、发展自己的思维、组织社会生产、与自然力量作胜利斗争并达到我们今天所有的进步的力量之一。”[③]又说：“语言是直接与思维联系的，它把人的思维活动的结果，认识活动

① 马克思、恩格斯：《德意志意识形态》，《马克思恩格斯全集》第3卷，525页。

②③ 斯大林：《马克思主义与语言学问题》，人民出版社1957年版，38、46、20页。“记录”原译“记载”。

的成果，用词及由词组成的句子记录下来，巩固起来，这样就使人类社会中思想交流成为可能的了。”[①]这种“记录”极为重要，假使没有词和句子，人类思维活动的结果就无从继承下来。恩格斯说：“‘物质’和‘运动’这样的名词无非是简称，我们就用这种简称把许多种不同的可以从感觉上感知的事物依照其共同的属性把握住。”[②]生产越发展，科学越进步，人类的抽象活动能力就越高，我们在进行思维的时候，并不需要对每一事物的属性都加以概括；由于文化的积累，概念都由词记录下来，像“物质”“运动”等词，它们吸收并保存了人类数千年来所获得的知识。思维和语言的相互依存，由此得到很好的证明。

思维和语言是不可分割的，资产阶级唯心主义者不承认这个真理。杜林说：“谁要是只能通过语言来思维，那么他就不懂得什么是抽象的和纯粹的思维。”恩格斯批评他说：“如果这样，那么动物就是最抽象的、最纯粹的思维者，因为他们的思维永没有因语言的讨厌的干涉而弄得模糊。”[③]反动的法国

---

① 斯大林：《马克思主义与语言学问题》，人民出版社1957年版，38、46、20页。“记录”原译“记载”。

②《自然辩证法》，人民出版社1955年版，197页。

③ 恩格斯：《反杜林论》，人民出版社1956年版，85页。

唯心主义哲学家柏格森认为，逻辑思维并不能帮助我们理解现实，同时以为思想和词是不相称的。有了词反而妨碍了思想的表达。

大家知道，马尔也是把思维和语言分割开来的。马尔认为：人们的交际，不用语言，而藉助于完全摆脱语言的“自然物质”和完全摆脱“自然规范”的思维本身就可以办到。斯大林说他陷入了唯心主义的泥坑。①

在中国，分割思维和语言的唯心主义观点突出地表现在文字学上。汉字被认为是一种表意文字，这个名称容易令人产生一种错觉，以为汉字是直接表示概念的。有些文字学家在讲述文字时透露了这种观点，甚至明白表示了这种观点。汉字如果是直接表示概念的，那么人们的思想就不须通过语言来表达，同时也不须藉助于语言来进行思维。实际情况并不是这样。汉字尽管不是拼音文字，它仍旧代表着语言中的词。它并没有脱离词的中介而去直接表示概念。文字是语言的符号，文字被称为“书面语言”，这个名称是非常恰当的。我们写文章的时候，所谓构思，实际上是正在进行“默语”；我们读书的时候，即使是“默读”，读的也正是有声语言中的词。书面语的

---

① 斯大林：《马克思主义与语言学问题》，人民出版社1957年版，38页。

出现，是人类文化上划时代的一个历史阶段，它助成了人类思维的发展。但它始终只是有声语言的代表，它不能直接表示概念。思维和语言的相互依存性仍然是不容否认的。

二、思维和语言的区别

语言和思维是统一的，但是我们不能把它们等同起来。资产阶级唯心主义者或者把两者割裂开来，或者是把两者等同起来。割裂和等同，都是错误的。

等同的结果有两种可能：或者是从逻辑出发，片面地强调人类逻辑思维的共同性，宣传所谓“普遍语法”；或者从语言出发，片面强调民族语言的特点，硬说各民族的思维形式是互不相同的。

法国保尔—罗亚尔学派在1662年编写了一部《保尔—罗亚尔逻辑》（又名《思维的艺术》），接着在1664年又编写了一部《普遍语法》（全名是《普遍的合理的语法》）。这两部书差不多同时出版，这不是偶然的。在保尔—罗亚尔学派看来，人类的逻辑思维既然是共同的，语法也应该是共同的，不合于人类的共同逻辑思维的也就是不合语法的。这种理论的影响很大。某些语法学家，即使不是直接受保尔—罗亚尔学派的影响，在唯心主义思想指导下，实际上也是这样看待语法的。马建忠在他的《马氏文通》后序里说："钧是人也，天皆赋以此心之所以能意，此意之所以能达之理；则常探讨画革旁行诸国语言之源流，若希腊若辣丁之文词而属比之，见其字别种而句司字，所以声其心面形其意者，皆有一定不易之律，而因以律夫吾经籍子史诸书，其大纲盖无不同。于是因所同以同夫所不同者，是则此编之所以成也。"马建忠看见了人类思维的共同性，这是正确的一面，但是由此推理出人类语法的普遍性，那就错了。世界各国不同民族的语言，它的语法虽有某些类似或共通之处，但是各有各的特点；特别是不同语系的语法，其间的差别更大。语言学家研究语言的种类越多，越证明了所谓"普通语法"是不存在的。

每一民族语言有它自己的特点，这是事实。唯心主义语义学派却由此认为，各个民族之间，不但在语言形式上是有差别的，而且在思维形式上也是有差别的。这样，唯心主义语义学派在各民族间建立了围墙，似乎民族间的思想交流是不可能的。实际上，语言和语言之间，思想表达方式的不同，主要是语言的民族风格的问题，而不是思维形式本身有什么不同。

马克思主义认为：思维的形式和规律是世界各民族所共

同的。不同的民族，只要正确地运用思维的形式和规律，它们就可以相互交流思想、翻译彼此的语言。马克思主义又认为：语言的形式和规律是富有民族特点的。斯大林说："共同的语言是民族的特征之一。"[①]语言的民族特点是历史的产物。因此在不同源的语言之间，差别很大；在同源的语言之间，差别就小些；"近亲"的语言，差别就更小一些。同一语言，在不同的历史时期，也各自有其特点。这就是说，在民族特点的基础上还要加上历史特点。把不同民族、不同时期的语法归结为同一类型，这是缺乏历史主义观点的。总之，把思维和语言等同起来是错误的；把逻辑和语法等同起来也是错误的。

三、概念和词

概念和词是密切联系着的，但是不能混为一谈。

概念是由词记录下来、巩固起来的。正如离开了语言就没有思维一样，离开了词就没有概念。每一个概念都有一个词或

① 《马克思主义和民族问题》。《斯大林全集》第2卷，人民出版社1953年版，292页。

词组跟它相当。

但是我们不能倒过来说，每一个词都有一个概念跟它相当。有些词并不代表概念。代表概念的词是能充当逻辑主语和逻辑谓语的词，即语法上所谓实词；不代表概念的词是不能充当逻辑主语和逻辑谓语的词，即语法上所谓虚词。虚词如介词、连词、叹词以及语气词等，它们是所谓的语法成分。虚词的作用在于表示词与词的关系（介词），句与句的关系（连词），说话人对语句所表达的事情的态度（语气词），甚至只表示感叹的声音（叹词），它们在句子中只起辅助作用，而不能独立地指称事物、性质和行为。从逻辑方面看，虚词是在判断和推理中才用得着的，它并不是一个概念。①不过虚词在词汇中只占很少的数量，所以我们仍旧可以说，词一般是代表概念的。

概念和词的关系是相当复杂的。同一个词可以在不同的上下文表示不同的概念，这是所谓多义词，例如汉语中“伐木”的“伐”不同于“讨伐”的“伐”，“风雨”的“风”不同于“作风”的“风”。同一个概念也可以用不同的词来表示，这是所谓同义词，例如“肥皂”又叫“胰子”，“衣服”

① 这一个问题是存在着争论的。

又叫"衣裳"。一个概念可以用一个词表示，也可以用一群词（词组）表示，例如"帝国主义"是一个词，"资本主义的最高和最后的阶段"是一个词组。词又可以带感情色彩，如褒义词、贬义词、爱称等。这些感情色彩是超出了概念的范围之外的。

概念的语言表现形式是随民族而不同的，每一种语言都具有自己的语音特点和语法特点。概念和词的根本区别就在这里，词通过概念反映客观现实，词义不可能是任意的。但是，具体语言中的每一个词，其所以采用这个语音形式而不是别的语音形式，从最初形成的情况说，则不可能不是任意的。唯心主义语义学派把语言和思维等同起来，由语言的任意性引出反动的结论，以为词义也是任意的，是人们从意识中臆造出来的，不能反映客观现实。这是为帝国主义服务的反动学说，是反科学的学说。①但是，如果因为词义不是任意的，从而得出结论，以为语音也不是任意的，那又错了。解放前有一位江谦先生写了一部《说音》，企图证明语音和词义的关系不是任意的。他说："然外国语亦世界方言耳，以心理生理之同，而因

① 参看张世英：《美国现代资产阶级哲学的主要流派：逻辑实证论——语义学唯心主义》。《人民日报》1961年8月4日第7版。

声托意，不能无合同之点。此殆所谓自然者非耶？”[①]这种观点是完全错误的。不过，语音语法的任意性也只是就其来源而论，至于词的形式在语言中固定下来以后，它也就不再是任意的了。因此，词的语音特点和语法特点必须认为是民族的历史产物；各民族有自己的历史，也就有自己的语音特点和语法特点。

由于概念在民族间是共同的或相通的，语言的翻译才成为可能；由于具体的词在民族间是采用不同的语音形式的，语言的翻译才成为必要。在翻译的问题上，概念和词的区别是非常明显的。

某些具体概念也有民族特点。主要是外延广狭的不同。某一概念在甲语言里是外延较狭的，译成乙语言可能是外延较广的。例如汉语的“兄”，在俄语里是старший брат，在英语里是elder brother，在法语里是frêre aîné；汉语的“弟”，在俄语里是млалший брат，在英语里是younger brother，在

① 江谦：《说音》，中华书局1936年版，28页。著者拿英语和汉语比较。找出“易知而音训通”的词175个为例，其中有away：违；back：背；book：簿；dish：碟；ear：耳；easy：易；father：父；few：微；fly：飞；give：给；like：类；man：民；pair：匹；soon：速；table：台；we：吾；word：文；yes：俞；yet：抑，等等。

法语里是frère cadet。在这一类词上，在汉语里只用一个词来表示；在俄语、英语、法语里须用两个词来表示。“兄”和“弟”的外延较狭，内涵较深，брат的外延较广，内涵较浅，所以不能一致。有时候甲语言里的几个概念，译成乙语言还只有现成的一个概念跟它们相当，粗译，这样对译也就算了；如果要求译得精确，就不能不再加定语。例如汉语的“稻”“谷”“米”“饭”，译成俄语、英语、法语都只有一个词跟它们相当（puc、rice、riz），如果要译得精确，只能把“稻”译成“连根的puc”，把“谷”（南方人所谓“谷”）译成“带壳的puc”，把“米”译成“去壳的puc”，把“饭”译成“煮熟的puc”。有时候，在甲语言里是两个独立的概念，在乙语言里只是一个概念。例如俄语里的крыса、мышь，英语的rat、mouse，法语的rat、souris，在汉语里只有一个“老鼠”跟它们相当。如果要区别开来，只好译成“大种的老鼠”和“小种的老鼠”。“兄”“弟”和брат的比较，“稻”“谷”“米”“饭”和puc的比较，是外延广狭的问题；крыса、мышь和“老鼠”的比较，在说俄语、英语、法语的人看来，这是两个不同的概念，不是外延广狭的问题，但在说汉语的人看来，仍旧是外延广狭的问题。

在动词和形容词方面，如果拿不同语系的语言做比较，也都有一些概念交叉的现象。这里不讨论了。

某些具体概念的民族特点也是历史形成的。对于某些语言现象，可以从民族的社会特点或生产特点去追溯它们的原因。汉族宗法制度的特点之一是长幼有序，所以兄弟必须分别清楚。汉族的稻为主要谷物，所以有必要把种在地里的、收在仓里的、碾过的、煮熟的，一一区别开来。越南的社会特点和生产特点和汉族近似，所以在越南语里，兄弟区别为anh em[①]，稻区别为lua（稻，谷），gao（米），com（饭）。当然我们也要注意语系的关系。“兄弟”这个概念在印欧语里自始就是单一的，它的原始形式假定是bhrātor（梵语bhrātar），这就是说明了为什么在俄英法等语里不但概念一致，连语音也是有着对应规律的。

这一切都不妨害这样一个论断：概念在民族间是共同的或相通的。概念是反映客观现实的，不可能是随民族而异的。外延的广狭，内涵的深浅，以及概念的交叉，这些都是各民族语言独立发展的自然结果，不是本质的差别。

① em又表示“妹”。“妹”也可以称为em gái即“女弟”，以区别于“弟”。

四、判断和句子

判断和句子的关系，也是互相联系而又互相区别的。

首先在逻辑和语法这两门科学所用的术语上，我们可以看得出判断和句子的密切关系。“命题”本是逻辑学的术语，在拉丁语是propositio，原意是“摆在前面”“摆在眼前”。英语保留proposition作为逻辑学的术语，专指判断的语言形式，即“命题”，而对于“句子”则称为sentence，这样就把逻辑学上的“命题”和语法学上的“句子”区别开了。但不是所有的语言都这样区别开的。法语除了用phrase来指称“句子”之外，还用proposition来指称“分句”；至于法国人所谓独立的proposition，实际上就是独立的“句子”。俄语用предложение摹写了proposition，索性把“命题”和“句子”合而为一。“主语”在拉丁语是subjectum，原意是“摆在下面的东西”。“谓语”在拉丁语是prædicatum，原意是“说出来的东西”。英语的subject、predicate，法语的subjet，prédicat都是同时用作逻辑术语和语法术语的。俄语既继承了拉丁语，说成субьект、предикат，又摹写了拉丁语，说成подлежащее、сказуелмое，这样正好成为两套，拿前一套作为逻辑术语，后一套作为语法术语。但是，在苏联的逻辑界，这两套术语也不是截然分开的。至于“系词”，无论英语、法语、俄语，都是兼用于逻辑和语法的，不过俄语在语法上用得更为常见罢了。[①]这些术语的通用，一方面说明了两门科学的历史瓜葛，另一方面也说明了判断和句子之间的确有它们的共同之点。

苏联的逻辑学教科书往往强调判断成分和句子成分之间的差别。这是由于俄语语法上所谓“谓语”与逻辑上所谓“谓语”的定义不完全符合，又有“逻辑主语”和“语法主语”的差别，所以这种辨别是重要的。在汉语里，这个问题是次要的。

依照一般逻辑教科书的说法，每一个判断都包括三个部分：主语、谓语和系词。例如：“帝国主义是资本主义的最高和最后的阶段”，这是一个判断，其中的“帝国主义”是主语，“资本主义的最高和最后的阶段”是谓语，“是”是系词。在汉语里，系词一般是用“是”字表示的。现在我们要问：是不是每一个判断和句子都必须包括主语、系词、谓语三

① 这些术语在汉语的译名相当混乱。同是一个predicte，在逻辑学上译为“宾词”，在语法学上译为“谓语”。在语法学上也有人译为“宾词”的。例如李立三同志在《马克思主义语言学问题》中把сказуелмое译为“宾词”。此外，无论在逻辑学上或语法学上也都有译成“述语”的。这种混乱现象必须改变过来。

个部分呢？换句话说，是不是一定要有系词呢？在判断和句子的关系上，这倒是一个重要的问题。

在历史上，许多逻辑学家把逻辑和语法混为一谈，他们认为，不但每一个判断应该包括这三个部分，而且每一个句子也应该包括这三个部分。他们把动词分为两类，一类叫作“存在动词”，就是系词“是”字；另一类叫作“属性动词”，指的是一般动词。后者之所以被认为“属性动词”，是因为在这些逻辑学家看来，这种动词一方面表示主语的属性，一方面还隐藏着“是”字。例如“鸟飞”应该理解为“鸟是飞”，“马跑”应该理解为“马是跑”，“我爱”应该理解为“我是爱”，“你听”应该理解为“你是听”。这种解释是违反语言实际的。直到今天，还有人在讲逻辑的时候，以为在没有系词的句子里必须把系词补充起来，然后成为判断形式。例如“美国侵略古巴”应该理解为“美国是侵略古巴的国家”。这也是不符合语言实际的，这两句的涵义并不是完全相等的。

我们可以举出大量的语言事实来证明句子并不是必须有系词的，甚至在所谓“名句”（以名词或形容词做谓语的句子）中，也不一定用系词。在上古汉语里，“乡原，德之贼也”，这一类句子是典型的“名句”，其中并没有系词的。即以印欧语而论，印欧语正常的“名句”是不用系词的，梵语和古希腊语的"名句"一般都不用系词；直到今天的俄语，现在时的"是"字在口语里是不用的，尤其是第三人称复数现在时的 **суть**，在现代文学语言里早已不用，所以有的逻辑学家认为只能在判断的公式里用它，不能在举实例时用它。至于所谓"动句"，更是和系词风马牛不相及。我们说"美国侵略古巴"只是肯定了侵略这一件事实，并不需要把"侵略"认为隐含着系词，也不需要补充什么系词。

判断三分法是亚里士多德传下来的传统逻辑公式，其实现代逻辑学家也有使用二分法的，那就是像现代汉语语法书上所说的那样，把判断只分为主语和谓语两部分，如果有"是"字，也把它归到谓语里去，这样，判断的形式（命题）就和句子的形式一致起来了。

我个人认为，在判断的公式中放一个系词是完全合理的，只是不要把系词看得太死，不要在没有系词的实例中硬说它隐含着系词或省略了系词。系词的原意是在两个概念中间建立关系，是表示肯定这种关系（若加否定词是否定这种关系）。公式中放着这个系词，正是表示逻辑思维的形式，但若硬塞到具体句子里来就不对了。在这里，我们可以明显地看出判断和句子的联系和区别。

所有的判断都必须表现为句子的形式，这是肯定了的，思维不能离开语言而存在，判断也就不能离开句子而存在。现在我们倒过来问：是不是所有的句子都表示判断呢？这是一个比较复杂的问题。

逻辑所研究的是人类思维的形式和规律，它不关心表现情感和意志的语言形式。因此，纯粹的感叹句如“天哪！”祈使句如“来吧！”“请你倒杯茶我喝！”都不构成判断。纯粹的疑问句如“他是谁？”“今天星期几？”“他是从什么地方来的？”也都不构成判断。感叹句、祈使句、疑问句之所以不构成判断，是因为这些句子所表达的无所谓真实和虚假。如果是无疑而问的反诘句或带有肯定意味或否定意味的感叹句，自然又当别论。这样一来，一般只有直陈句可以充当逻辑学上的命题。有些逻辑学家还认为，并不是所有的直陈句都表示判断，例如诗歌和小说中的形象描写，就很难说它是判断。由此看来，判断和句子的区别还是相当大的。

判断没有民族特点，而句子则是有民族特点的。前面说过，就许多语言的实际情况来看，命题中的系词是可有可无的，甚至是没有的。逻辑学上所谓的命题在很大程度上取消了民族特点，使各民族语言多样化的句子成为统一的类型。“所有的S都是P”，“任何一个S都不是P”，“有些S是P”，“有些S不是P”，“S或者是P，或者是P_1”，“S或S_1是P”，等等，其中有些命题在汉语口语中说出是相当别扭的。逻辑学上所谓命题一般都用现在时，语言的时的变化不能充分表现出来，又没有分词，没有被动式，等等。语言的语法范畴和各种感情色彩都不是判断所关心的。这样就更加突出了判断和句子的区别。在概念和词的关系上，语音最富于民族特点，语法的民族特点不很多，甚至没有什么民族特点；在判断和句子的关系上，语法最富于民族特点，至于语音的民族特点，那不过是伴随着语法而来的（如语调等）罢了。

五、推理和复句

推理是和复句或句群相当的。不是任何句子摆在一起都能构成推理。推理要有连贯性。

在推理的问题上，思维形式和语言的统一性最大，但是也不能完全等同起来。就拿演绎推理来说。大家知道，在日常谈话中，甚至在正式文件中，用的常常是简略的推理，略去大前提、小前提，或者是略去结论。尤其是前两种情况最为常见。略去大前提的推理，常常是把结论放在前面，例如："我们反对现代修正主义，因为现代修正主义是为帝国主义服务的。"当然结论也可以放在后面，例如："现代修正主义是为帝国主义服务的，所以我们反对现代修正主义。”略去小前提的推理，例如：“超额完成生产计划的人应该受到表扬，所以我们表扬他们。”至于略去结论的推理，在书面语言中是比较少见的，在日常谈话中则比较多见。例如：“星期一上课，今天星期一。”

推理在语法中的表现也有一些民族特点。汉语里的按断句和申说句都是略去大前提的推理，它们不用连词“所以”和“因为”，而且词句也不完全合于逻辑公式。例如：“你是党教育出来的孩子，党不能放开你不管。”（《红旗谱》327页）这是汉语里的按断句，没有用“所以”。又如：“兄弟去探狱，也被逮住了；兄弟也是共产党员。”（《红旗谱》177页）这是汉语里的申说句，没有用“因为”。按断句和申说句又往往用反诘句来表示。例如：“不是咱自个儿事情，管的那么宽了干吗？”（《红旗谱》3页）又如：“天黑了，还去干吗？”（《红旗谱》181页）有些推理在口语里采用一种非常灵活的方式，不但不具备三段论法的形式，甚至判断的形式也不完全。例如：“可不是吗？干就得像个干的样子，都是小伙子。”逻辑学家也许不承认这是推理，但这是人民群众的日常推理方式。逻辑推理和具体语言的区别，在这里又得到了证明。

六、思维的发展和语言的发展

最后，我想谈一谈逻辑思维的发展和语言的发展。这个问题太大了，这里要谈的只限于逻辑思维的发展在语言中的反映。在这较狭小的范围内，也只能举若干实例做一些分析。

随着社会的发展、生产的发展、科学的发展，人类的逻辑思维是逐步向前发展的。语言的发展，在一定程度上也反映了逻辑思维的发展。但是我们不能把问题简单化了，有些语言事实的演变只能从它的内部发展规律去说明，或者从社会对语言的影响去说明，而不能认为是逻辑思维的发展在语言中的反映。

概念外延的广狭，常常反映了社会的需要（参看上文），我们不能说，外延较狭的概念是高级思维，反映到语言里成为词汇丰富的语言。例如从前有人说英语能把胡子分为beard（下胡子）和moustache（上胡子），这就证明了英语的词汇丰富，表现力强，为汉语所不及。这种看法显然是错误的。胡子要不要区别为更细的概念，这完全是由于社会交际的需要。汉族男子在古代还没有剃胡子的风俗。古乐府《陌上桑》说："行者见罗敷，下担捋髭须。"可见这些挑着担子走路的男子都是有胡子的。胡子长得好，算是美男子的特点之一，所以《汉书》称汉高祖“美须髯”，《三国志》也称关羽“美须髯”。胡子对古代汉族是那样重要，所以在语言表现为三种胡子：嘴唇上边的叫“髭”，下巴底下的叫“须”，两边的连腮胡子叫“髯”。到后代，中年以上才留胡子。至于现代，老年也不一定留胡子，因此，就没有必要分为三种胡子了。我们不能由此得出结论说，英语（以及其他西洋语言）比汉语更富于表现力，更不能说，古人的逻辑思维比现代更加高级。

系词的产生也丝毫不能证明逻辑思维的发展。先秦时代汉语有没有系词，这个问题虽然还有一些争论，但是，先秦的判断句（以名词为谓语的句子）一般不用系词，则是无可否认的事实。有人说，汉族到了春秋战国时代，思想已经很发达了，不应该还没有系词。也有人企图从汉语系词的从无到有的情况下去寻找思维发展的线索。事实上，汉语系词的从无到有，只是汉语按照内部发展规律而发展的结果，和逻辑思维的发展无关。否则很容易得出结论说有系词的语言是高级语言，没有系词的语言是低级语言。事实上我们要看语言的发展与否，应该以它能否表达丰富严密的思想为标准，而不应该以缺乏某种语言形式为标准。今天的俄语应该说是够丰富严密的了，但是它在“名句”的现在时是一般不用系词的。今天的汉语也应该说是够丰富严密的了，但是它只在判断句用了系词，而在描写句（以形容词为谓语的句子）则至今还是不用系词。一种语言是否有系词，决定于民族特点和历史特点；如果认为人类逻辑思维发展到了较高阶段就会有系词出现，那是不正确的。

但是，人类的逻辑思维终究是随着社会的发展而发展的，我们如果不承认这一点，那也是不对的。

大家知道，演绎推理有一个“所以”，这个“所以”在古代汉语里表现为“故”字。这种“故”字，并非经常表现着演绎推理的，特别是在先秦时代。《论语·季氏》有这样的一段：“丘也闻有国有家者，不患寡而患不均，不患贫而患不安。盖均无贫、和无寡、安无倾。夫如是，故远人不服，则修文德以来之。既来之，则安之。”邢昺说：“夫政教能均平和安如此，故远方之人有不服者，则当修文德，使远人慕其往化而来，远人既来，当以恩惠安存之。”[①]由此看来，“均平和安”是被看做是“修文德”的前提的，而从演绎逻辑看，“均平和安”实际上不能成为“修文德”的前提。这种句子，意思是可以看懂的，但从形式逻辑的观点看，则是缺乏逻辑性的。汉代以后，特别是唐宋以后，这种情况渐渐减少了，人们的逻

---

① 见《十三经注疏》下册，世界书局1935年版，2521页。

辑思维是逐渐发展了。

语言的概括性和连贯性的逐步增强，也是人们逻辑思维逐步趋于完善的重要标志之一。在汉语史上有许多例子足资证明。这篇文章只讲概念、判断、推理和语言之间的关系，所以关于语言的概括性和连贯性的问题就不再谈了。

（载《红旗》1961年第17期；又收入《龙虫并雕斋文集》第二册）

中国语言学的继承和发展

一、中国语言学的光荣传统

中国语言学是有光荣的传统的。两千多年前中国就有了很好的语言学理论，实在值得我们引以自豪。荀子在他的《正名篇》里所阐明的都是语言学上的重要问题。他说语言是社会的产物（“名无固宜”，“约定俗成谓之宜”）；又说语言是有稳固性的，同时又是发展的（“若有王者起，必将有循于旧名，有作于新名”）；又说概念的形成缘于感觉（“然则［名］何缘而以同异？曰，缘天官”）。这些理论，直到今天我们还认为是正确的，而在当时的历史条件下，则应该认为是卓越的学术造诣。[①]

① 关于荀子的语言学理论，参看邢公畹：《谈荀子的“语言论”》，见1962年8月16日《人民日报》。

我不打算逐个地叙述中国历代语言学家的成就，我只想谈一谈中国语言学传统上的三个突出的优点。

第一个优点是重视实践。中国古代没有“语言学”这个名称；古人所谓“小学”，大部分可以认为属于语言学范围。顾名思义，“小学”和语文教育有着极其密切的关系。许慎在他的《说文解字》里说：“盖文字者，经艺之本，王政之始，前人所以垂后，后人所以识古。”可见“小学”的目的无非教人识字，让读古书的人先攻破文字关（其实是语言关）；只不过“小学家”的要求比较高，识字的标准和一般人所了解的稍有不同罢了。有许多东西，在今天看来是很宝贵的汉语史材料，在当时也不过是为了实用的目的。《切韵》的编写目的是“凡有文藻，即须音韵”。①《中原音韵》的编写目的是“欲作乐府，必正言语；欲正言语，必宗中原之音”。②韵图是对语音系统进行分析，利用横推直看的方法来帮助人们了解反切，也是帮助人们查得汉字的读音。张麟之在《韵镜序》里说：“读书难字过，不知音切之病也。诚能依切以求音，即音而知字，故无载酒问字之劳。”直到今天，我们利用韵图来

① 语见陆法言《切韵序》。今本“须”下有“明”字，各手写本均无。

② 语见周德清《中原音韵序》。

查古代反切的读音，还是最有效的方法。[①] 人们盛称“段王之学”，其实段玉裁、王念孙等人所做的也不外是提高阅读古书能力的工作。

这种做法，自然也有不足之处。过于注重实用，就容易放松了语言学理论的探讨，荀子《正名篇》那样卓越的语言学理论在后世不多见了；关于语言学方法，很少有系统性的叙述。

但是，注重实践仍旧应该作为传统的优点继承下来。今天时代不同了，我们研究语言学，当然不单是为了通经。即以通经而论，也不是因为它是圣人之道，而只是因为我们要继承文化遗产。我们今天研究语言学，是为社会主义建设服务。语文教育是今天祖国教育事业的一个重要环节；因此，今天的中国语言学就必须为祖国教育服务。今天我们的实践范围扩大了，我们不但要提高阅读古书的能力，我们还要为祖国语言的纯洁和健康而斗争。我们不排斥“纯科学”的研究，只要是科学，对社会主义建设也一定有好处。但是，理论必须联系实际，这一个大原则是必须肯定的。

---

① 例如《诗·秦风·小戎》：“竹闭绲縢。”《经典释文》引徐邈音：“縢，直登反。”依照横推直看法，在《韵镜》里查得是音“腾”，而不是音“澄”。

第二个优点是重视材料和观点相结合。由于时代的局限，古人不可能有马克思主义观点。但是，古代成就较大的语言学家都是重视他们所认为正确的观点的。戴震说："学有三难：淹博难，识断难，精审难。"[①]拿今天的话来说，淹博就是充分占有材料，识断就是具有正确的观点，精审就是掌握科学的方法。

段玉裁的《说文解字注》一共写了三十年，桂馥的《说文解字义证》一共写了四十年，朱骏声自述他撰著《说文通训定声》的经过说："渴（竭）半生之目力，精渐消亡；殚十载之心稽，业才艸刱（草创）。"为了充分占有材料，不能不付出足够的时间和精力。但是，单靠苦学还是不够的。戴震说得好："前人之博闻强识，如郑渔仲、杨用修诸子，著书满家，淹博有之，精审未也。"[②]这就说明了必须材料和观点、方法相结合，然后才能在学术上有较大的贡献。

如何对待材料，也是观点、方法的问题。梁启超在叙述清代的学风时，曾举出其特色十条，其中两条是：1. 孤证不为定

① 参看梁启超：《清代学术概论》，中华书局版，27页。
② 参看梁启超：《清代学术概论》，中华书局版，27页。

说，其无反证者姑存之，得有续证则渐信之，遇有力之反证则弃之；2. 隐匿证据或曲解证据，皆认为不德。[①]显然，这是我们所应该继承的优良传统。

第三个优点是善于吸收外国的文化。中国的反切，不先不后，产生在东汉后期，这显然跟佛教的传入有关。梵书随着佛教一起传入中国，于是梵文的拼音方法就对汉文的注音方法发生影响。郑樵《通志·艺文略》、陈振孙《直斋书录解题》、姚鼐《惜抱轩笔记》、纪昀《与余存吾书》都认为反切是“原本之婆罗门之字母”。反切的产生是中国语言学史上值得大书特书的一件大事，这是中国古代学者的巨大创造。应劭、孙炎等人善于吸收外国文化，同时结合汉语特点，发明了反切来为中国文化服务，这是值得颂扬的。钱大昕在《潜研堂文集·答问》中却说：“自三百篇启双声之秘，司马长卿、扬子云益畅其旨，于是孙叔然制为反切。”又说：“乃童而习之，白头而未喻，翻谓七音之辩，始于西域，岂古圣贤之智乃出梵僧下耶！”钱氏这样对外国文化采取关门主义的态度是我们所不能

① 参看梁启超：《清代学术概论》，35页。乾嘉学派以经学为中心，而经学又以“小学”为中心。所谓清代的学风，主要是指清代语言学家的学风。

同意的。[①]

字母和等韵之学来自西域，更为一般人所公认。但是，我们试拿梵文字母和守温三十六字母对比，[②]就可以看见，中国学者们不但没有照抄梵文字母，而且字母的排列也有所不同。至于字母和四等的配合，更显得学者们匠心独运，完全是以汉语语音系统的特点为依据的。

清代刘献廷（继庄）也是一个善于吸收外国文化的人。全祖望《鲒埼亭集·刘继庄传》说："继庄自谓声音之道别有所窥，足穷造化之奥，百世而不惑。尝作《新韵谱》，其语自华严字母入，而参以天竺陀罗尼、泰西腊顶话、小西天梵书，暨天方、蒙古、女直等音；又证之以辽人林益长之说，而益自信。"看来，《新韵谱》大概是属于普通语音学一类的书，可惜这部书没有传下来，否则在中国语言学史上一定增加光辉的一页。

马建忠是汉语语法学的奠基人，但是，大家知道他的《马氏文通》是模仿泰西的"葛郎玛"而写成的。他认为"葛郎

① 陈澧在《切韵考》卷六说"何不"为"盍"，"如是"为"尔"等都是反语。用来证明反语不受西域的影响，这也是不对的。这种二合音只是无意识的，并非像反切那样成为一套注音方法。

② 实际上只有三十字母，这里不详细讨论。

玛”在语文教育中是会起巨大作用的。他在《文通》的序里说：“夫华文之点划结构，视西学之切音虽难，而华文之字法、句法，视西文之部分类别，且可以先后倒置以达其意度波澜者则易。西文，本难也，而易学如彼；华文，本易也，而难学如此者，则以西文有一定之规矩，学者可循序渐进，而知所止境，华文经籍虽亦有规矩隐寓其中，特无有为之比拟而揭示之，遂使结绳而后四千余载之智慧材力无一不消磨于所以载道、所以明理之文，而道无由载，理不暇明，以与夫达道明理者之西人角逐焉，其贤愚优劣，有不待言矣。”由此看来，马建忠之所以吸收外国文化，正是从爱国主义出发的。《马氏文通》虽然存在着不少缺点，但是，在吸收外国文化这一点上，马建忠是做对了的。

我们认为上述的古代中国语言学的三大优点都应该好好地继承下来，并加以发扬光大。

二、发展和继承的关系

继承，就意味着发展。不能发展，就不能很好地继承。在中国语言学上，如果只知道继承，不知道发展，结果就会觉得古人是不可企及的，我们对继承也会失掉信心；如果是批判地继承，同时考虑到发展，结果是在总的成就上超过了古人，即使在某一点上不及古人，我们也算是很好地继承了古代中国语言学家的衣钵。

古代学者的学习条件和我们今天的学习条件是不一样的。古代学者从小就读古书，重要的经书都能成诵，有的人还能做到于学无所不窥，十三经、二十四史、诸子百家，都能如数家珍。这就是所谓的淹博。今天我们不可能这样做，而且不必要这样做。其所以不可能，是因为我们还有许多现代书籍要读，还有许多现代科学知识要掌握；其所以不必要，是因为前人已经有许多研究成果，特别是近年来已经有了许多可以利用的工具书。假如我们要在古典文献上跟清人比赛淹博，许多人都会感叹望尘莫及；但是我们有一定程度的马克思列宁主义的修养，有比较先进的现代科学知识，有比较正确的观点和方法，则是清人所没有的。《孟子》说得好："不揣其本而齐其末，方寸之木可使高于岑楼。"（《告子下》）我们衡量新的一代的语言学家修养要看得全面些，不要因为他们的旧学知识稍差一些就以为一代不如一代，更不要引导他们专往故纸堆里钻，不求现代的科学知识。

封建社会对一个学者的要求和社会主义社会对一个学者的要求是不一样的。在今天，语言学工作者的使命要比封建社会“小学家”们的工作要复杂得多，性质也不一样。我们要研究普通语言学，因为我们需要语言学理论来指导我们的工作；我们要研究少数民族语言，因为它对语言教育等方面有现实意义；我们要研究语言风格学或辞章学，因为它有助于改进文风；至于语法学、词汇学、语义学、词典学等等，也都是我们的研究对象。我们还应该培养一批专家研究汉藏系语言和研究印欧系语言及其他语言。语言教学法也应该是实用语言学的一个部门，这是过去比较忽略，而今后应该加强的一个部门。这一切都不是过去“小学”所能包括的了。即以“小学”而论，也应该使它现代化，以便为汉语史服务。同时使它通俗化，以便为古代汉语教学服务。如果亦步亦趋地走乾嘉学者的老路，不但不会赶得上他们，而且不能适应社会主义社会的需要，不能满足广大人民的要求。少数人这样做，未尝没有一些好处；如果在语言学界提倡，那就不相宜了。

一个时代有一个时代的要求。一个学派全盛的时代，自然光芒四射。但是，这个时代一过去了，后人即使追前人的芳躅，效果也会差得多。一则因为时代的要求不同了，二则因为前人已经开垦过的园地，可以发掘的地方不多了，只好拾遗补缺、做一些修修补补的工作，放出萤火般的微光。

五四运动以后，汉语的研究向前推进了一步，其中并没有其他的奥妙，只不过是把普通语言学的理论应用到汉语研究上。对象仍旧是原来的对象，只因观点、方法改变了，研究的结果就大不相同。当然其中有许多需要批判的东西和过时了的东西，但是今天我们要发展中国语言学，绝不是回到封建社会的观点、方法上去，而是要把语言科学向前推进，在马克思列宁主义、毛泽东思想的指导下，攀登世界科学的最高峰。解放后十三年以来，中国语言学已经有了很大的发展，这正是我们接受了马克思列宁主义、毛泽东思想，接受了现代语言科学的结果。

以下谈谈怎样发展中国语言学的问题。

《红旗》杂志的社论说："马克思列宁主义使哲学、社会科学的面貌发生了根本的改变。在哲学、社会科学的领域内，人们如果不是自觉地站在马克思列宁主义的立场上和运用马克思列宁主义的观点和方法，那就几乎不能真正解决任何一个实质性的问题。"[①]这是一个根本性的原则，违反了这个原则，就谈不上发展中国语言学。社论又说："但是，马克思列宁主义不能代替每一门具体科学的研究。马克思列宁主义的指

① 《在学术研究中坚持百花齐放百家争鸣的方针》，见《红旗》杂志1961年第5期。

导作用，就在于它提供了一种基本理论和方法，依靠这种理论和方法，科学研究工作者还要付出艰苦的劳动，大量地收集材料，独立地进行思考，才能在某一个具体问题的科学研究中得到成绩。”[①]根据这个原则，在语言学的科学研究工作中，还有必要建立这一个具体科学部门的理论和方法，这种理论和方法是以马克思列宁主义的基本理论和方法为基础，在具体语言的研究中总结出来的基本理论和方法的，这就是我们所说的马克思列宁主义语言学。马克思主义语言学在中国正在形成。

无批判地接受旧的中国语言学，其危险性在于它的糟粕也继承下来。戴震的识断，比起郑樵、杨慎来，当然高明得多了，但是拿今天的眼光来看，则又有可以批评的地方。拿今天马克思主义的尺度来衡量戴震，从而抹杀他在当时的进步性，贬低他的学术成就，固然是不对的；但是，看不见他的缺点，让青年人一味盲从，那也是不应该的。举例来说，他在《答段若膺论韵》里说：“仆谓审音本一类，而古人之文偶有相涉，有不相涉，不得舍其相涉者，而以不相涉者为断；审音非一类，而古人之文偶有相涉，始可以五方之音不同，断为

① 《在学术研究中坚持百花齐放百家争鸣的方针》，见《红旗》杂志1961年第5期。

合韵。”他所讲的原则是不错的，但是他根据宋人的等韵来审音，要凭它来断定先秦韵部的分合，这就是缺乏发展观点。朱骏声在中国语言学史上有很大贡献，他的得意之作在于阐明字义的引申（他叫作“转注”）和假借。但是他把许慎的假借字定义“本无其字，依声托事”擅改为“本无其意，依声托字”，硬说是先有本字才能假借，这就违反了文字的发展过程。这种例子可以举的很多。

我们不能说古人的糟粕对今人已经没有影响了。现在随便举两个例子来谈一谈。

自从宋代王圣美创为“右文”之说，至今在文字学界还有一些影响。杨树达说：“形声字中声旁往往有义。”[①]有了“往往”二字，这话本身没有毛病，只是没有能够说明原因。胡朴安说：“盖上古文字，义寄于声，未遑多制，只用右文之声，不必有左文之形。”[②]原因是说出来了，但是还不够明确。实际上，凡按右文讲得通的，若不是追加意符的形声字，就是同一词族的字（如章炳麟《文始》所讲的），并不是存在着那么一个造字原则，用声符来表示意

---

① 杨树达：《积微居小学述林·序》。

② 胡朴安：《中国文字学史》上册，232页。

义。傅东华先生最近在他的《汉字的各种字义的各种训释》里说：“形声字（包括转注字）的本义是由它的声旁决定的，例如‘吃饭’的‘吃’本作‘喫’，从‘口’‘契’声。‘契’是‘刻’（咀嚼）的意思，所以‘喫’字的本义是用口咀嚼食物。至于它的简体‘吃’字，原是另外一个字，从‘口’‘乞’声，本义是口吃。它的‘乞’声用来表示‘乞乞’的声音。‘乞乞’犹‘期期’，形容说话重叠，难以出口的样子。”[①]这段话可商榷之处很多。古时饮食都叫“喫”（杜甫《送李校书》：“对酒不能喫。”《病后遇王倚饮赠歌》：“但使残年饱喫饮。”），可见喫不一定用得着咀嚼。而且从刻契到咀嚼未免太迂曲了。从“乞”重叠为“乞乞”，从“乞乞”转为“期期”，更是勉强。而总的原因则是受了右文说的影响。[②]

语源的探讨，本来不是一件容易的事。但是人们喜欢傅会成说，有时候也能以假乱真。李时珍在《本草纲目》中说，葡萄“可以造酒，人酺饮之则陶然而醉，故有是名”。最近

---

① 见《文字改革》月刊，1962年第4期。

② 余长虹同志有一篇反驳的文章，登在《文字改革》月刊1962年7月号。可以参考。

有人写了一篇知识小品，题为《酺酶—蒲桃—葡萄》，[①]还加以解释说："'酺'，指大饮酒，见《说文》，'酶'，极醉之意，见《集韵》。"[②]其实，"葡萄"只是当时大宛语的译音[③]，和"酺""酶"没有关系。李时珍是杰出的医学家和植物学家，然而他对语源学是外行。应该承认，不是外行的人也会犯同样的错误，在文字学界中，这种情况不是没有。

批判古代中国语言学的糟粕，这是消极的一方面；积极的一方面应该是提高马克思语言学的修养。现在我国"语言学概论"一类的书虽然还是初步的基础知识，但是要求语言学工作者先掌握这种基础知识是必要的。

马克思主义是科学的科学，马克思主义者永远走在现代科学的前面。世界上任何新的语言学派、新的语言学理论，都值得我们研究。即使是反动的语言学派，也可以充当我们的反面教员。我们应该经常注意世界语言学的"行情"。古人说得

① 见1962年9月6日《北京晚报》，作者署名乐工。

② 按《集韵》只说"酕酶，醉皃（貌）"，没有说"极醉之意"。"葡萄"一词产生在前，"酕酶"一词产生在后，这是颠倒了时代次序。

③ 参看王力：《汉语史稿》下册，518页，注①。

好："泰山不让土壤，故能成其大；河海不择细流，故能就其深。"①学术上的关门主义，对中国语言学的发展是不利的。

语言学工作者最好能学一点自然科学。这不仅因为语言学在社会科学中是接近自然科学边缘的，生理学、物理学（特别是声学）、心理学等，都和语言发生关系。而更重要的还是为了训练科学的头脑。清人的朴学的研究方法实际上受了近代自然科学的深刻影响。有人以为清人为了逃避现实才走上了考据的道路，那是不全面的看法。晋人同样是逃避现实，然而他们只竞尚清谈，而并没有走上科学研究的道路。清人在"小学"的领域上，开中国语言学的新纪元，可以说是从清代起才有真正的科学研究，这并不是突如其来的。自徐光启把西洋的天文历算介绍到中国以后，许多经学家都精于此道，最值得注意的是江永、戴震、钱大昕、阮元等。据张之洞《书目答问》所载，江永在天算中属于西法，戴震、钱大昕、阮元属于中西法。江永所著有《江慎修数学》九种及《推步法解》，戴震所著有《勾股割圆记》《策算》《九章补图》《古历考》《历问》，钱大昕所著有《三统术衍》《四史朔闰考》，阮元所著

① 李斯：《谏逐客书》。

有《畴人传》。[①]江戴等人经过近代科学的天文历算的训练，逐渐养成了缜密的思维和丝毫不苟的精神，无形中也养成了一套科学方法。拿这些应用在经学和“小学”上，自然跟从前的经生大不相同了。我们知道，戴震是江永的弟子，段玉裁、孔广森、王念孙又是戴震的弟子，学风从此传播开来，才形成了乾嘉学派。我们今天要继承乾嘉学派，必须继承这种热爱真科学的精神。如果我们能热爱现代自然科学，那就既是继承，又是发展了。

三、中国语言学和外国语言学

上文讲到了中国语言学，也提到了外国语言学。其实中国语言学和外国语言学既不是对立的东西，也不是可以截然分开的东西。文化是可以交流的，许多科学上的大发明，已经成为全人类的文化。外国的科学成就，中国可以吸收进来；中国的科学成就，外国也可以吸收过去。我们可以说中国语言研究工

---

①《书目答问》只列江永和阮元著作。其余各人姓名则见于后面所附的《姓名略》。孔广森也著有《少广正负术内外篇》，虽是中法，但孔氏是戴震的弟子，不可能不受西法的影响。此外，朱骏声也精于天文历算，所著有《天算琐记》四卷、《岁星表》一卷，未刊行。

作有它自己的特点，例如比较着重在汉语和中国少数民族语言的研究；但是我们不能说中国语言学在观点、方法上也应该有它自己的特点。我们正在建立马克思主义语言学；全世界真正的马克思主义者如果研究语言学，也必须应用同样的马克思主义语言学。同时，我们也必须经常吸收外国语言学中正确的、有用的东西来丰富自己。

关于吸收外国文化的问题，毛主席给了我们明确的指示。他说：

> 中国应该大量吸收外国的进步文化，作为自己文化食粮的原料，这种工作过去还做得很不够。这不但是当前的社会主义文化和新民主主义文化，还有外国的古代文化，例如各资本主义国家启蒙时代的文化，凡属我们今天用得着的东西，都应该吸收。但是一切外国的东西，如同我们对于食物一样，必须经过自己的口腔咀嚼和胃肠运动，送进唾液、胃液、肠液，把它分解为精华和糟粕两部分，然后排泄其糟粕，吸收其精华，才能对我们的身体有益，决不能生吞活剥地毫无批判地吸收。①

---

①《毛泽东选集》第二卷，第1版，678页。

回顾五四运动以后、解放以前中国语言学界的情况，正如毛主席所批判的，我们大都是生吞活剥地毫无批判地把外国语言学吸收过来。虽然也产生了一些新的东西，但同时也把资产阶级的一些错误观点不加批判地介绍到中国来，引起了不良的后果。这是值得我们警惕的。

五四以后，新的语言学和旧的语言学形成对立，但是和平共处，井水不犯河水，有对立而没有斗争。当时新派语言学家们的主要工作在于调查方言，进行《切韵》研究等，调查方言固然跟旧学无关，即以《切韵》研究而论，搞的是高本汉的一套，和旧学关系不大。至于语法的研究，更不是原来“小学”范围内的东西。旧派语言学家仍然搞“小学”的老一套，跟新派语言学家所学的东西可说是“风马牛不相及”。这种情况对中国语言学的发展是不利的。有一些新派语言学家们对中国传统语言学采取虚无主义的态度，以为旧学没有什么可取的东西，自己在狭窄的范围内钻牛角尖，外国的东西学得不深不透，中国原有的东西知道得更少。有一些旧派语言学家又故步自封，满足于中国原有的成就，即使有所述作，也是陈陈相因，不脱前人的窠臼。这样就不能新旧交流，取人之长，补己之短。

解放以后，情况大有不同，今后还要注意怎样把传统的中国语言学的精华很好地继承下来，并且经常从外国的先进的语言学中吸取营养，使新旧熔为一炉。在这一方面，我们是做得不够的。搞普通语言学的人往往是知道语言学理论较多，而不太善于结合到本国的具体语言，更谈不上继承古人的“小学”；研究汉语或本国少数民族语言的人往往强调材料，轻视理论知识。我们并不是说在语言学工作中不应该有所分工，而是说语言学工作者应该先具备了广泛的基础知识然后走向专门。将来进一步要求学好语言学理论，同时把它应用到具体语言研究上。

我们中国人自己是能够研究语言学理论的；但是，我们并不能因此拒绝学习外国的东西。毛主席说：“中国应该大量吸收外国的进步文化，作为自己文化食粮的原料，这种工作过去还做得很不够。”拿语言学来说，过去我们所接触到的外国语言学知识，实在很不够，即以普通语言学而论，很少有人把几部重要的著作从头到尾仔细看过。我们的翻译工作也做得很不够。总之，我们学习外国的东西不是太多，而是太少了。今后我们应该注意吸收外国的先进的语言学理论和方法，来帮助中国语言学的发展。

要不要联系中国的实际？当然要。在中国，即使是研究普通语言学，也应该以汉语或中国少数民族语言为主要材料。因为对自己所熟悉的语言比较容易进行深入的观察，这种观察也比较容易显示研究者的创造性。在西洋，几乎没有一个普通语言学家不是对一两种具体语言有专长的，假如对任何具体语言都只有浮光掠影的知识，那么普通语言学也不会研究得好的。[①]至于汉语的研究，更是中国语言学研究工作的特点，世界上没有任何国家对汉语研究有我国这样丰富的文献和经验，只要我们在语言学的观点、方法上能够更有所提高，我们的汉语研究也一定能够有更多更好的成绩。但是我们不能把墨守海通以前的成就看成是结合中国实际，因为上文说过，我们如果不能发展就不能很好地继承。

“青出于蓝而胜于蓝”，这一成语给我们很大启示。我们深信我们这一代的语言学工作者一定能够胜过古人，我们更深信我们后一代的学术成就必将远远地超过我们这一代。

（载《中国语文》1962年10月号；又收入《龙虫并雕斋文集》第二册）

---

① 但又不能走另一个极端，专就汉语来讲普通语言学。即使某些语言现象跟汉语无关，只要世界语言有这种现象，也得讲到。否则只算是汉语学，而不是普通语言学了。

国家新闻出版广电总局
首届向全国推荐中华优秀传统文化普及图书

大家小书书目

国学救亡讲演录	章太炎 著 蒙 木 编
门外文谈	鲁 迅 著
经典常谈	朱自清 著
语言与文化	罗常培 著
习坎庸言校正	罗 庸 著 杜志勇 校注
鸭池十讲（增订本）	罗 庸 著 杜志勇 编订
古代汉语常识	王 力 著
国学概论新编	谭正璧 编著
文言尺牍入门	谭正璧 著
日用交谊尺牍	谭正璧 著
敦煌学概论	姜亮夫 著
训诂简论	陆宗达 著
金石丛话	施蛰存 著
常识	周有光 著 叶 芳 编
文言津逮	张中行 著
经学常谈	屈守元 著
国学讲演录	程应镠 著
英语学习	李赋宁 著
中国字典史略	刘叶秋 著
语文修养	刘叶秋 著
笔祸史谈丛	黄 裳 著
古典目录学浅说	来新夏 著
闲谈写对联	白化文 著
汉字知识	郭锡良 著
怎样使用标点符号（增订本）	苏培成 著
汉字构型学讲座	王 宁 著

诗境浅说	俞陛云　著
唐五代词境浅说	俞陛云　著
北宋词境浅说	俞陛云　著
南宋词境浅说	俞陛云　著
人间词话新注	王国维　著　滕咸惠　校注
苏辛词说	顾　随　著　陈　均　校
诗论	朱光潜　著
唐五代两宋词史稿	郑振铎　著
唐诗杂论	闻一多　著
诗词格律概要	王　力　著
唐宋词欣赏	夏承焘　著
槐屋古诗说	俞平伯　著
词学十讲	龙榆生　著
词曲概论	龙榆生　著
唐宋词格律	龙榆生　著
楚辞讲录	姜亮夫　著
读词偶记	詹安泰　著
中国古典诗歌讲稿	浦江清　著 浦汉明　彭书麟　整理
唐人绝句启蒙	李霁野　著
唐宋词启蒙	李霁野　著
唐诗研究	胡云翼　著
风诗心赏	萧涤非　著　萧光乾　萧海川　编
人民诗人杜甫	萧涤非　著　萧光乾　萧海川　编
唐宋词概说	吴世昌　著
宋词赏析	沈祖棻　著
唐人七绝诗浅释	沈祖棻　著
道教徒的诗人李白及其痛苦	李长之　著
英美现代诗谈	王佐良　著　董伯韬　编
闲坐说诗经	金性尧　著
陶渊明批评	萧望卿　著

古典诗文述略　吴小如　著
诗的魅力
——郑敏谈外国诗歌　郑　敏　著
新诗与传统　郑　敏　著
一诗一世界　邵燕祥　著
舒芜说诗　舒　芜　著
名篇词例选说　叶嘉莹　著
汉魏六朝诗简说　王运熙　著　董伯韬　编
唐诗纵横谈　周勋初　著
楚辞讲座　汤炳正　著
汤序波　汤文瑞　整理
好诗不厌百回读　袁行霈　著
山水有清音
——古代山水田园诗鉴要　葛晓音　著

红楼梦考证　胡　适　著
《水浒传》考证　胡　适　著
《水浒传》与中国社会　萨孟武　著
《西游记》与中国古代政治　萨孟武　著
《红楼梦》与中国旧家庭　萨孟武　著
《金瓶梅》人物　孟　超　著　张光宇　绘
水泊梁山英雄谱　孟　超　著　张光宇　绘
水浒五论　聂绀弩　著
《三国演义》试论　董每戡　著
《红楼梦》的艺术生命　吴组缃　著　刘勇强　编
《红楼梦》探源　吴世昌　著
《西游记》漫话　林　庚　著
史诗《红楼梦》　何其芳　著
王叔晖　图　蒙　木　编
细说红楼　周绍良　著
红楼小讲　周汝昌　著　周伦玲　整理

曹雪芹的故事	周汝昌　著　周伦玲　整理
古典小说漫稿	吴小如　著
三生石上旧精魂 ——中国古代小说与宗教	白化文　著
《金瓶梅》十二讲	宁宗一　著
中国古典小说名作十五讲	宁宗一　著
古体小说论要	程毅中　著
近体小说论要	程毅中　著
《聊斋志异》面面观	马振方　著
《儒林外史》简说	何满子　著

我的杂学	周作人　著　张丽华　编
写作常谈	叶圣陶　著
中国骈文概论	瞿兑之　著
谈修养	朱光潜　著
给青年的十二封信	朱光潜　著
论雅俗共赏	朱自清　著
文学概论讲义	老　舍　著
中国文学史导论	罗　庸　著　杜志勇　辑校
给少男少女	李霁野　著
古典文学略述	王季思　著　王兆凯　编
古典戏曲略说	王季思　著　王兆凯　编
鲁迅批判	李长之　著
唐代进士行卷与文学	程千帆　著
说八股	启　功　张中行　金克木　著
译余偶拾	杨宪益　著
文学漫识	杨宪益　著
三国谈心录	金性尧　著
夜阑话韩柳	金性尧　著
漫谈西方文学	李赋宁　著
历代笔记概述	刘叶秋　著

周作人概观	舒　芜　著
古代文学入门	王运熙　著　董伯韬　编
有琴一张	资中筠　著
中国文化与世界文化	乐黛云　著
新文学小讲	严家炎　著
回归，还是出发	高尔泰　著
文学的阅读	洪子诚　著
中国文学1949—1989	洪子诚　著
鲁迅作品细读	钱理群　著
中国戏曲	么书仪　著
元曲十题	么书仪　著
唐宋八大家 ——古代散文的典范	葛晓音　选译
辛亥革命亲历记	吴玉章　著
中国历史讲话	熊十力　著
中国史学入门	顾颉刚　著　何启君　整理
秦汉的方士与儒生	顾颉刚　著
三国史话	吕思勉　著
史学要论	李大钊　著
中国近代史	蒋廷黻　著
民族与古代中国史	傅斯年　著
五谷史话	万国鼎　著　徐定懿　编
民族文话	郑振铎　著
史料与史学	翦伯赞　著
秦汉史九讲	翦伯赞　著
唐代社会概略	黄现璠　著
清史简述	郑天挺　著
两汉社会生活概述	谢国桢　著
中国文化与中国的兵	雷海宗　著
元史讲座	韩儒林　著

魏晋南北朝史稿	贺昌群　著
汉唐精神	贺昌群　著
海上丝路与文化交流	常任侠　著
中国史纲	张荫麟　著
两宋史纲	张荫麟　著
北宋政治改革家王安石	邓广铭　著
从紫禁城到故宫——营建、艺术、史事	单士元　著
春秋史	童书业　著
明史简述	吴　晗　著
朱元璋传	吴　晗　著
明朝开国史	吴　晗　著
旧史新谈	吴　晗　著　习　之　编
史学遗产六讲	白寿彝　著
先秦思想讲话	杨向奎　著
司马迁之人格与风格	李长之　著
历史人物	郭沫若　著
屈原研究（增订本）	郭沫若　著
考古寻根记	苏秉琦　著
舆地勾稽六十年	谭其骧　著
魏晋南北朝隋唐史	唐长孺　著
秦汉史略	何兹全　著
魏晋南北朝史略	何兹全　著
司马迁	季镇淮　著
唐王朝的崛起与兴盛	汪　篯　著
南北朝史话	程应镠　著
二千年间	胡　绳　著
论三国人物	方诗铭　著
辽代史话	陈　述　著
考古发现与中西文化交流	宿　白　著
清史三百年	戴　逸　著

清史寻踪	戴　逸　著
走出中国近代史	章开沅　著
中国古代政治文明讲略	张传玺　著
艺术、神话与祭祀	张光直　著 刘　静　乌鲁木加甫　译
中国古代衣食住行	许嘉璐　著
辽夏金元小史	邱树森　著
中国古代史学十讲	瞿林东　著
历代官制概述	瞿宣颖　著
宾虹论画	黄宾虹　著
中国绘画史	陈师曾　著
和青年朋友谈书法	沈尹默　著
中国画法研究	吕凤子　著
桥梁史话	茅以升　著
中国戏剧史讲座	周贻白　著
中国戏剧简史	董每戡　著
西洋戏剧简史	董每戡　著
俞平伯说昆曲	俞平伯　著　陈　均　编
新建筑与流派	童　寯　著
论园	童　寯　著
拙匠随笔	梁思成　著　林　洙　编
中国建筑艺术	梁思成　著　林　洙　编
沈从文讲文物	沈从文　著　王　风　编
中国画的艺术	徐悲鸿　著　马小起　编
中国绘画史纲	傅抱石　著
龙坡谈艺	台静农　著
中国舞蹈史话	常任侠　著
中国美术史谈	常任侠　著
说书与戏曲	金受申　著
世界美术名作二十讲	傅　雷　著

中国画论体系及其批评　李长之　著
金石书画漫谈　启　功　著　赵仁珪　编
吞山怀谷
——中国山水园林艺术　汪菊渊　著
故宫探微　朱家溍　著
中国古代音乐与舞蹈　阴法鲁　著　刘玉才　编
梓翁说园　陈从周　著
旧戏新谈　黄　裳　著
民间年画十讲　王树村　著　姜彦文　编
民间美术与民俗　王树村　著　姜彦文　编
长城史话　罗哲文　著
天工人巧
——中国古园林六讲　罗哲文　著
现代建筑奠基人　罗小未　著
世界桥梁趣谈　唐寰澄　著
如何欣赏一座桥　唐寰澄　著
桥梁的故事　唐寰澄　著
园林的意境　周维权　著
万方安和
——皇家园林的故事　周维权　著
乡土漫谈　陈志华　著
现代建筑的故事　吴焕加　著
中国古代建筑概说　傅熹年　著

简易哲学纲要　蔡元培　著
大学教育　蔡元培　著
北大元培学院　编
老子、孔子、墨子及其学派　梁启超　著
春秋战国思想史话　嵇文甫　著
晚明思想史论　嵇文甫　著
新人生论　冯友兰　著

中国哲学与未来世界哲学	冯友兰　著
谈美	朱光潜　著
谈美书简	朱光潜　著
中国古代心理学思想	潘　菽　著
新人生观	罗家伦　著
佛教基本知识	周叔迦　著
儒学述要	罗　庸　著　杜志勇　辑校
老子其人其书及其学派	詹剑峰　著
周易简要	李镜池　著　李铭建　编
希腊漫话	罗念生　著
佛教常识答问	赵朴初　著
维也纳学派哲学	洪　谦　著
大一统与儒家思想	杨向奎　著
孔子的故事	李长之　著
西洋哲学史	李长之　著
哲学讲话	艾思奇　著
中国文化六讲	何兹全　著
墨子与墨家	任继愈　著
中华慧命续千年	萧萐父　著
儒学十讲	汤一介　著
汉化佛教与佛寺	白化文　著
传统文化六讲	金开诚　著　金舒年　徐令缘　编
美是自由的象征	高尔泰　著
艺术的觉醒	高尔泰　著
中华文化片论	冯天瑜　著
儒者的智慧	郭齐勇　著
中国政治思想史	吕思勉　著
市政制度	张慰慈　著
政治学大纲	张慰慈　著
民俗与迷信	江绍原　著　陈泳超　整理

政治的学问	钱端升 著 钱元强 编
从古典经济学派到马克思	陈岱孙 著
乡土中国	费孝通 著
社会调查自白	费孝通 著
怎样做好律师	张思之 著 孙国栋 编
中西之交	陈乐民 著
律师与法治	江 平 著 孙国栋 编
中华法文化史镜鉴	张晋藩 著
新闻艺术（增订本）	徐铸成 著
经济学常识	吴敬琏 著 马国川 编

中国化学史稿	张子高 编著
中国机械工程发明史	刘仙洲 著
天道与人文	竺可桢 著 施爱东 编
中国医学史略	范行准 著
优选法与统筹法平话	华罗庚 著
数学知识竞赛五讲	华罗庚 著
中国历史上的科学发明（插图本）	钱伟长 著

出版说明

“大家小书”多是一代大家的经典著作，在还属于手抄的著述年代里，每个字都是经过作者精琢细磨之后所拣选的。为尊重作者写作习惯和遣词风格、尊重语言文字自身发展流变的规律，为读者提供一个可靠的版本，“大家小书”对于已经经典化的作品不进行现代汉语的规范化处理。

提请读者特别注意。

北京出版社